Julius Bab

Die Berliner Bohème

LITERATURWISSENSCHAFT

Julius Bab

Die Berliner Bohème

Mit einem Nachwort herausgegeben
von Michael M. Schardt

Bab, Julius:
Die Berliner Bohème
Herausgegeben von Michael M. Schardt

2. aktualisierte Auflage 2014
ISBN: 978-3-86815-592-1

www.igelverlag.com

Printed in Germany

Igel Verlag Literatur & Wissenschaft ist ein Imprint der Diplomica Verlag GmbH
Hermannstal 119 k, 22119 Hamburg
Printed in Germany

Die Deutsche Bibliothek verzeichnet diesen Titel in der Deutschen Nationalbibliografie.
Bibliografische Daten sind unter http://dnb.d-nb.de verfügbar.

Vorwort

Der Kern der nachstehenden Studie ist im März 1904 in einer *Artikelserie der »Berliner Volkszeitung«* erschienen. Das lebhafte Interesse, das dieselbe damals fand und das sich in einer die Zahl der vorhandenen Exemplare überschreitenden Nachfrage kundtat, hat mich bestimmt, ihren Neudruck in Buchform geschehen zu lassen. Obwohl ich dabei eine ganze Reihe von Berichtigungen, Erweiterungen und zum Teil sehr *umfangreichen Zusätzen* vornahm, betrachte ich die Arbeit immer noch als eine *vorläufige Skizze*, die in historischer Beziehung den Reiz und Reichtum der großen Materie mehr aufzeigen als erschöpfen will. Was die prinzipielle kritische Würdigung des soziologischen und psychischen Phänomens »Bohème« betrifft, so möge man in dem hier nur gelegentlich Angedeuteten nur Striche einer *Vorstudie* zu einer großen historisch kritischen Arbeit erblicken, die mich – vielleicht noch für Jahr und Tag – beschäftigt, und in der das Kultur-Zigeunertum, d. i. die *zentrifugalen Elemente der Menschheit* eine Betrachtung finden sollen, die sich zum Grundriß einer neuen Wissenschaft auswachsen dürfte: der *Asoziologie*.

Berlin, im August 1904.
Julius Bab.

Inhalt

Glaub nur nicht, o Menschenbrust,
Daß in eitel Träumen unser Dasein wir verleppern –
Weißt doch nicht wie Liebe tut
Wenn vom hohen Himmel die Gerippe dazu scheppern.
(»So ist das Leben« von Franz Wedekind.)

1. Vom Wesen der Bohème

»Bohème« – der gute Bürger fühlt bei diesem Wort etwas, das seltsam gemischt ist aus Grauen und Neugier, Neid und Verachtung. Dies Wort – das der Roman des Franzosen Murger allgemein gebräuchlich machte für jene Welt geistiger und gesellschaftlicher Außenseiter, für jenes Volk von Künstlern, Literaten, Studenten usw., das abseits vom Gehege der Sitte sein buntes Dasein hinbringt – dies Wort hat für den Wohlgesitteten einen gar geheimnisvollen Klang. Ob er dabei mehr an eine Art unerreichbares Schlaraffenland voll steter Lust und Freuden ohne allen Zwang und ohne alle Pflicht denkt, oder ob er dort den wahren Sündenpfuhl, die Entfesselung aller bösen Lüste zu sehen meint, das richtet sich nach dem Grad seiner persönlichen Tugendhaftigkeit und Würde; allgemein aber ist es, sich diese »Bohème« als märchenhaft phantastisches Wesen, ein reines Kind der Willkür, ganz außerhalb aller ernsten Erfaßbarkeit und aller harten Gesetze des Lebens vorzustellen. Indes ist diese Vorstellung, an deren Verbreitung schlechte Romanbücher wohl erheblich Anteil haben, eine gründlich falsche. Wie alle Dinge dieser Welt, ist auch diese »Bohème« im Grunde eine verteufelt ernste Sache – ein Wesen, das in seinem Entstehen und seiner Entwicklung

keineswegs außerhalb der großen schwerernsten Gewalten steht, die das geschichtliche Leben bewegen; vielmehr erscheint mir gerade die Existenz und der Charakter solcher Bohème ein sehr wertvolles Symptom zu sein für die Erkenntnis des jeweiligen Kultur- und Gesellschaftszustandes, in dem Lande, dem sie entwächst.

Entstanden freilich ist die Bohème wohl überall aus den zwei gleichen Gründen: überall, wo sich in eigenwilligen Köpfen und lebensdurstigen, künstlerisch gestimmten Sinnen Welt- und Menschenbestimmung anders malt, als in jenem Geiste, dessen Ausdruck die herrschenden Lebensgewohnheiten der Gesellschaft sind, da ist der *geistige Anlaß* – und überall wo die schlechte wirtschaftliche Lage jungen, mehr auf die künstlerische Lebenserfassung und Gestaltung, als auf den Lebensunterhalt bedachten Leuten die Führung einer »gesellschaftsfähigen« Existenz verwehrt, da ist die *materielle Notwendigkeit* gegeben für das Entstehen einer Bohème. Trotz so gleichartiger Geburtsumstände nimmt diese gesellschaftliche Außenwelt doch an verschiedenen Orten (selbst zu gleicher Zeit) sehr verschiedenartiges Gepräge an. Ein wie charakteristisches Aussehen trägt nicht etwa die *Münchener Bohème*: von dem behaglichen Kleinbürgertum der Bier- und Bauernhauptstadt gönnerhaft beschmunzelt und trotz gelegentlicher Ärgernisse doch heimlich als vornehme Rarität und Zierde der Stadt verehrt, führt die Münchener Bohème ein gewissermaßen legalisiertes Dasein, und obwohl natürlich auch ihr die ernsten Seiten – ernst durch den Kampf vieler junger Geister um individuelle Entwicklungsmöglichkeiten – nicht fehlen, so kommt sie doch in ihrer beinah permanenten Karnevalsstimmung, in der süddeutschen Gemütlichkeit und Gutmütigkeit ihres geselligen Lebens dem phantastischen Bilde des Spießbürgers vom immer heiteren Schlaraffenland noch am nächsten. – Und daneben halte man nun ein Bild, wie es die entsprechenden Kreise von *Paris* gewähren: Auch hier bei den Studenten des Quartier latin und bei dem Künstler- und Literatenvolk des Montmartre eine Bohème, die nicht nur allgemein bekannt, sondern im gewissen Sinne auch anerkannt (eben was ich vorher »legalisiert« nannte) ist. Aber wie anders weht der Geist der gewaltigen Welthauptstadt durch dies Volk. Hier, wo seit Jahrhunderten in allen Kämpfen europäischer Kultur entscheidende Schlachten geschlagen wurden, ist auch die lebensdurstige Jugend dieser sozialen Eigenbrötler ganz anders ergriffen vom Kampf der Ideen und Konfessionen, der Parteien und der Klassen. Mitten in eine der größten Industriestädte der Neuzeit gestellt, am Sammelplatz politischer Flüchtlinge aller Art, atmet diese Bohème den stürmischen Geist der Revolution aus, und neben dem hellen Bilde eines intensiveren Lebensgenusses hält die Gesellschaft oft genug den Schild dunkeldrohender Anklage, bitteren Hohnes, entschlossener Feindschaft entgegen. – Und noch anders ist das Bild, das die Bohème in *Berlin* bietet. Die tüchtigen Bürger der Borussenhauptstadt haben nie Verständnis oder gar Sympathie für so unordentliche und offenbar unnütze Existenzen gehabt: jene stillschweigende Anerkennung im Empfinden der Mitbürger hat die Berliner Bohème kaum je besessen. So war sie stets in einer kriegerisch-hämischen Stimmung gegenüber der Gesellschaft, in der sie lebte. Aber hier auf märkischem Boden gedieh auch selten jener freudige Elan, jener graziöse Zynismus, mit dem der Bewohner des Montmartre seinen Krieg gegen die

Pfahlbürger führt. Die schwerflüssige, trübe Luft der niederdeutschen Ebene hat auch das Berliner Zigeunertum, das in ihr atmete, beeinflußt – lange Zeitstrecken hat es in leichter, flacher Unbedeutsamkeit oder rüder, geistloser Bizarrerie hingebracht, bis hin und wieder eine starke, vollblütige Zigeunernatur auftauchte, die mit heißerem Temperament und größerer Geisteskraft die zähe Masse beflügelte, einen Kreis von Jüngern um sich zu schaffen wußte und so auch der Berliner Bohème zeitweilig Charakter und Bedeutung lieh.

2. Die Bohème der Romantiker

(E.T.A. Hoffmann und Devrient)

In der Geschichte der »Berliner Bohème« spiegelt sich mit unverkennbarer Treue das Leben der deutschen Kultur im letzten Jahrhundert ab. Die Reichhaltigkeit und Bedeutsamkeit ihres Treibens steht im genausten Verhältnis zu dem Tempo, in dem sich jeweilig das geistige und soziale Leben Deutschlands abrollte. – Wer in einem Werke von tiefgrabender Gründlichkeit, wie sie diese nur auf Höhepunkten verweilende Studie nicht anstrebt, die Geschichte des Berliner Kulturzigeunertums[1] schreiben will, der wird wohl bis auf die Mitte des 18. Jahrhunderts zurückgehen können, in jene Tage, da der junge Lessing, selbst damals sehr weit von ruhig gesitteter Bürgerlichkeit entfernt, mit seinem bedenklichen Vetter Mylius in der Residenz des großen Friedrich ein stark bewegtes Leben führte.

Eine erste Glanzzeit aber brachten der Berliner Bohème erst im Anfang des 19. Jahrhunderts die *Romantiker* – die

---

[1] Gleich an dieser Stelle sei mit Nachdruck darauf hingewiesen, daß ich in dieser Studie bewußt von »Bohème« in dem üblichen, aber doch *willkürlich verengten Sinne* rede, der nur die gesellschaftsflüchtigen Elemente der oberen Kulturschicht, speziell des *Künstler- und Literatentums* meint. In der eingangs angekündigten theoretisch-kritischen Arbeit dagegen wird der eigentlichen Bedeutung des Wortes Bohème gemäß diese Gattung nur als *eine*, wenn auch vielleicht die interessanteste, *von vielen* auftreten. Daneben aber werden alle in irgend einem Grade sozial gelöste Gruppen, vom Prätorianer- und Verbrechertum bis zum Handwerksburschen und *Commis voyageur*, die Würdigung finden, die ihnen gebührt als Trägern der zentrifugalen Kraft, die den Siegeszug der großen gesellschaftsbildenden Mächte der Menschheit von Anfang an mit antisozialer Opposition begleitet.

ja auch, trotz ihrer eignen intensiven Geselligkeit und trotz zeitweilig anders gestimmten Tendenzen, in ihrem stolzen ästhetischen Individualismus und der daraus resultierenden Fremdheit und Gleichgültigkeit allem sozialen und politischen Geschehen gegenüber zu Bohémiens prädestiniert schienen. Damals lebte in Berlin (Taubenstraße 31!) der Kammergerichtsrat, Dichter, Musiker und Maler Ernst Theodor Amadeus *Hoffmann* – wenn nicht der tiefste und größte, so doch vielleicht der reichste, vielseitigste Künstler unter den Romantikern und jedenfalls einer der prachtvollsten Menschen unter ihnen. Seine Kompositionen leben

heut kaum noch in der Musikgeschichte fort; die geniale Anlage seiner Zeichnungen schätzen wenige Kenner; der Dichter, der humoristische Phantast, der Schöpfer unheimlich grotesker Erzählungen hat freilich noch heut einen –

nicht allzu großen – Kreis von Lesern und Verehrern; – aber länger als all seine Taten wird der Mensch E.T.A. Hoffmann leben, der lebensblitzende, warmherzige, tapfere Mensch, das groteske, phantastisch-magische Männlein mit dem tollen Grimassenschneiden und den funkelnden Genieaugen, die so vielem Lebenswirrsal, innerer Bitterkeit und äußerer Not so gerade ins Gesicht zu sehen wußten, mit höhnendem Humor, aber wenn's Not tat, auch mit mannhaftem Ernst. In diesem reichen, überall hinfühlenden Menschenleben verdient der Kammergerichtsrat kein geringes Gedächtnis als der Herr dreier Künste – nicht wegen spezifisch juristischer Leistungen, sondern um des stolzen und kühnen Trotzes willen, mit dem der kleine Kammergerichtsrat zu Berlin, die Sache des von behördlicher Seite arg beschimpften Friedrich Ludwig Jahn wider Justizminister, Staatskanzler und König verfocht. Diese unbeugsame Gradheit, dies zähe Selbstgefühl, mit dem hier der Richter für das Recht eintrat, ließ auch den Künstlermenschen Hoffmann aller Art krummer Gesellschaftskonvention Trotz bieten, ließ ihn höhnische Fehde führen mit vielerlei Philistertum, gab ihm den exzentrischen außergesellschaftlichen Zug des Bohémiens – und hat ihm bei allerhand zeitgenössischen und postumen Philistern denn auch glücklich den Ruf eines wüsten »charakterlosen« Gesellen eingetragen. Der Genosse, mit dem Hoffmann *sein* Leben lebte, mit dem er in engster Freundschaft verbunden den Berlinern zum ersten Mal das Schauspiel einer nicht nur äußerlich viel beachteten, sondern auch innerlich bedeutsamen Bohème gab, war *Ludwig Devrient*, damals der größte Bühnenkünstler Deutschlands. In Devrient, dem dämonischen Gestalter des Franz Moor und Lear, des Shylok und Falstaff, der ganz Berlin im Bann seiner genialen Persönlichkeit hielt, war das tiefste Wesen der Schauspielkunst in höchster typischer Form beschlossen und damit alles, was den Schauspieler ursprünglich zum Zigeuner, zum Außenseiter der Gesellschaft prädestiniert. Der Künstler auf der Bühne, der unter Einsetzung des eigenen Körpers in jedem Augenblick den heiligen Moment des Schaffens tausend Zuschauern preisgibt, bedarf einer ungewöhnlich naiven und ungewöhnlich starken Sinnlichkeit, um diese schamlose Hingabe zu ermöglichen, einer ungewöhnlich gewaltsamen, sprunghaften Nervosität, um sie vollführen zu können – beides Eigenschaften, die den Schauspieler auch als Privatmann in hundert Fällen aus dem abgemessenen Kreis bürgerlicher Lebensführung schleudern müssen. Und beide Eigenschaften besaß Devrient in höchstem Maße. Ein Zeitgenosse, der den großen Künstler ein wenig besser begriffen hatte, sagte von ihm:

»Devrient war wie jeder andere Mensch als Kind geboren; was aber nicht jedem Menschen zu arrivieren pflegt: er ist es bis zu seinem Tode geblieben.«

Dieser Mann, mit der schlanken edlen Gestalt, den feinen blassen Zügen, den gewaltigen schwarzglühenden Augen, war ein Kind – von grenzenloser, oft gemißbrauchter Gutmütigkeit, hilfsbereit für alle mit allem – auch mit Geld, obwohl stets selbst in Schulden. Und dann wieder von unberechenbaren, wilden Zornanfällen heimgesucht, die ihn in fatalste Verwicklungen stürzten. – Ein Kind und doch oft genug in der höhnisch aggressiven Laune des in bittrer Erfahrung gereiften Gesellschaftsfeindes, von erschütterter Gesundheit und doch einem ungezügelten Gasthausleben, einer bedrohlichen Trinkleidenschaft hingegeben – und dabei stets, in den absonderlichsten Trieben der Laune jedes Handeln mit der Sonne seines starken künstlerisch geadelten Menschentums übergoldend – so war der Intimus E.T.A. Hoffmanns, der mit seinem Freunde das gemeinschaftliche Hauptquartier, die Weinstube von *»Lutter und Wegner«* am Gensdarmenmarkt, zu einer Berühmtheit machte. Außer den beiden wies der dort versammelte Kreis kaum Männer von Bedeutung auf; aber sie allein vermochten so viel Witz und Geist über die Tafelrunde auszugießen, zeigten sich allnächtlich so unerschöpflich in Produktion von Bonmots, boshaften Witzworten, denen Hoffmann noch durch schnell hingeworfene Karikaturen nachhalf, und in allerhand tollen Streichen, daß Berlin des Geredes von jenem Zigeunertreiben nie leer war. Da hatte Hoffmann die durch Gespenstergeschichten schon angegruselten Freunde gewaltig erschreckt, indem er plötzlich über den Tischrand den Teufel auftauchen ließ – eine wohlvorbereitete Marionette. Da hatte Devrient eine Wette gemacht, ehe der phlegmatische Maurer drüben auf dem Gerüst des neuzubauenden Schauspielhauses seine Prise genommen haben würde, wolle er eine Flasche Champagner leeren – und er hatte gewonnen. Auch kleine Tücken gegen mißliebige Persönlichkeiten wurden hier am Weintisch geschmiedet und anderes mehr, was die biederen Berliner mit leisem Grauen erfüllte und übertriebenste Gerüchte über die Tafelrunde von Lutter und Wegner unter ihnen nährte. Daß freilich der Verkehr der beiden großen Freunde, der doch auch in leidenschaftlichen Diskussionen alles Große in Leben und Kunst aufs ernsthafteste ergriff, sich in Formen bewegte, deren burschikose Derbheit und frechfröhliche Freiheit sehr weit über die Grenzen hinausging, die bürgerliche Wohlanständigkeit zieht, soll unbestritten sein. Des zum Beweis möge ein unlängst veröffentlichter Brief Hoffmanns an Devrient hier Platz finden; er ist für die Lebensweise der zwei nicht minder charakteristisch als für ihren Verkehrston:

Hoffmann an Devrient

1. Da es jetzt beinahe 11 Uhr ist, vermute ich mit Recht, daß die katzenjammerschwangeren Morgennebel sich verzogen haben werden, so daß ich Dir mit meinen Worten und Bitten deutlich erscheine. –

2. Da sehr heiteres Wetter ist, vor dem keine böse Laune aufkommt, glaube ich mit Recht, daß wir beide, die wir seit 2365 Jahren kein gescheutes Wort unter vier Augen geredet haben, heute mit Nutzen zusammen frühstücken könnten.

3. Da Pücklerscher Salat ein gutes Essen und Portwein ein gutes Getränk für magenschwache Menschen, als wir beide sind (ich kacke seit gestern beträchtlich und kann nicht ausgehen), ist, so hoffe ich mit Recht, daß wir nebst geistiger Nahrung auch mit körperlicher uns leidlich stärken könnten.

Also!
Ziehe, o Bester, Stiefeln an und eile
zu Deinem treuen
Geheim-Archivarius
Luidhorst.

Das Zigeunerleben der beiden, das sich in dem barocken Humor dieses Briefes so charakteristisch spiegelt, empfing aber Bedeutung und inneren Sinn dadurch, daß es als Lebenselement zweier großer Künstler erkennbar wurde, die eben damals ihre bedeutendsten Werke schufen, deren Eigenart eben eine solche Lebensweise verlangte, um sich ganz – toll und voll – entfalten zu können.

Das Treiben des Freundesbundes fand ein bitteres Ende als Hoffmann am 13. Juni 1822 an der Rückenmarkschwindsucht starb, bis zuletzt ein mutighöhnender Lebenskämpfer. Devrient hat den Freund noch um ein volles Jahrzehnt überlebt und ist gewiß im wesentlichen seiner alten Lebensweise treu geblieben; aber seine Höhe war künstlerisch und menschlich vorüber und nie mehr hat er im gleichen Grade im Vordergrund des Berliner Lebens gestanden, wie zur Zeit seiner Genossenschaft mit E.T.A. Hoffmann. Dieser hatte indes fast unmittelbar bei »Lutter und Wegner« einen Nachfolger im Zigeunerreich gefunden.

3. Die Bohème der Romantiker

(Grabbe und Heine)

Im Todesjahre Hoffmanns kam *Christian Dietrich Grabbe* nach Berlin.

Grabbe – in seinem Leben und seinem Schaffen, seinen Stärken und Schwächen, seiner Entwicklung und seinem traurigen Untergang vielleicht der typischste »Bohémien«, den Deutschland je hervorgebracht hat. Heimat- und ruhelos in seiner tiefsten Natur, herrschafts- und zügellos in all seinem Sein und Tun, vermochte er niemals sich den ruhigen eindämmenden Formen der Gesellschaft anzupassen, als ein Zigeuner, ein sozialer Außenseiter hat er gelebt und geendet. Von der Art wie sich der damals 21jährige und schon in gefährlicher Weise dem Alkohol ergebene Dichter des »Herzog Theodor von Gothland« gebärdete, geben einige Andeutungen seines Biographen Ziegler einen Begriff: »Grabbe ward angestaunt, wenn er sich in seinen Sonderbarkeiten gehen ließ, unter anderem die Hände gleichgültig in den Taschen seiner blauen Hosen die Straße herunterschlenderte und dann und wann wie ein alter Hexenmeister, um einen Brunnen zwei- oder dreimal herumging, oder wenn er sich von seinen borstigen Haaren einige abschnitt, und schwur, er wolle mit diesen Spießen 99 Poeten und Literaten totstechen.«

Und der Geist dieses Menschen beherrschte nun mit schier gewalttätiger Kraft die jungen Literaten in der Weinstube am Gensdarmenmarkt. In diesem Kreis, wo immerhin der große Devrient noch zuweilen erschien und in der Weinlaune gewaltige Stücke seiner Kunst, einmal auch den

ihm nie auf der Bühne vergönnten Mephisto, extemporierte – in diesem Kreise fanden sich jetzt junge Leute von Talent und Lebenslust ein – Koechy, Uechtritz, Ludwig Robert, deren Namen in der Folge nicht ganz unbekannt blieben – aber auch einer, an dessen Namen sich Weltruhm knüpfen sollte: *Heinrich Heine*, der damals seinen großen Liebeskummer, den Verlust seiner »Agnes«, in diesem lauten Treiben zu vergessen strebte. Heine war, wie übrigens fast alle Juden, durch die kühle Schärfe überlegener Beobachtung, von jener besinnungslosen wildinbrünstigen Hingabe an das Leben, die den Vollblut-Bohémien macht, wesentlich geschieden; aber andererseits war in dem großartig verwegenen Nihilismus, mit dem er sein Leben lang Minen des Hohns und der Verachtung unter den Bau des Kulturphilisters grub, etwas das ihn sehr eng

der Bohème, der geborenen Todfeindin des Philistertums, verband. Wie – aus gleicher Wurzel der Lebensverehrung entsprungen – neben seiner todesmutigen Kritik und Zerstörungslust ein Zug weicher, zarter Innigkeit steht, wie er im äußeren Leben bald toll dahinwütend, bald praktisch besorgt und häuslich behäbig war – so war er auch der nächste Bruder des Bohémiens und doch selbst keiner, mehr Zuschauer als Genosse des Zigeunerlebens. Zwischen Heines realistisch spöttelnder Art und Grabbes wildpolternder Pathetik kam es mitunter zu erbaulichen Zusammenstößen. Dies und mancherlei andere Tollheiten der Tafelrunde haben uns die Biographen der Dichter überliefert. »Da wurden kleine literarische Bosheiten ausgeheckt; heut ward für die Juden geschrieben – morgen wurde ein eitler jüdischer Komponist – im Scherz mit einer scharfen Kritik bedroht, und gab im Ernst einige Louisdors her, die man in wilder Lust verjubelte. Einmal in einer katzenjämmerlichen Stimmung fiel es sogar mehreren Mitgliedern der Gesellschaft ein, fromm und katholisch werden zu wollen, und im launigen Übermute ward ein Schreiben an Adam Müller abgefaßt. Eine hübsche Brünette bereitete und kredenzte den Punsch, und wurde belohnt mit Gedichten und Küssen.« – –

Dieser zweite Kreis der Spätromantiker löste sich aber noch schneller auf als die Hoffmannsche Tafelrunde. Die jungen Leute, die zumeist nur das Universitätsstudium nach Berlin geführt hatte, zogen nach allen Richtungen Deutschlands hin davon. – Nun dauerte es lange, bis sich in Berlin wieder eine Schar von ähnlicher Art und gleicher Bedeutung fand. Erst zu Beginn der vierziger Jahre, als die Geister immer stärker und drohender am Joch der politischen Reaktion zu rütteln begannen, bildete sich aus dieser Kampfstimmung heraus eine Gemeinschaft stark radikal gesonnener Persönlichkeiten, die einen echten und rechten Bohèmecharakter trug, dabei aber eine aktuell revolutionäre Färbung, die den Romantikern der zwanziger Jahre fremd gewesen wäre.

4. Die »Freien« bei Hippel

(Stirner)

Die »Freien«, die in der Hippelschen Weinstube in der Friedrichstraße ihr Hauptquartier hatten, waren es, die Berlin wieder zu einer innerlich bedeutsamen Bohème verhalfen. Der geistige Führer dieses Kreises war wohl *Bruno Bauer*, der bekannte Theologe und Philosoph, dem seine mutigen bibelkritischen Arbeiten damals eben seine Dozentenstellung in Bonn gekostet hatten. Zu ihm standen sein jüngerer Bruder Edgar, der Literat Ludwig Buhl, der Journalist Friedrich Saß und viele andere. Auch Frauen tauchten in diesem Kreise bereits auf; nachmals bekannte Poeten, wie Wilhelm Jordan, Gottschall, Streckfuß tobten hier als junge Studenten ihren ersten Kraftrausch aus. Mitglieder einer sanfter gearteten Vereinigung, »Rütli« genannt, weilten zu Zeiten unter den Freien, so der Possendichter Kalisch und seine beiden Mithelfer am »Kladderadatsch«, der geistreiche und temperamentvolle Ernst Dohm und Löwenstein, der bekannte Kinderlieder-Dichter. Aber auch historische Namen allerersten Ranges zählten eine Zeitlang zu den »Freien«: Karl Marx und Friedrich Engels waren während ihres Berliner Aufenthaltes, der eine als Student, der andere als Einjähriger bei der Gardeartillerie, ständige Gäste bei Hippel. Als gelegentliche Besucher erschienen Männer wie Herwegh und – einmal und nicht wieder der radikale Philosoph Arnold Ruge, ein pedantischer Doktrinär, der den »Freien«, deren Ton ihm zu frei schien, eine donnernde Moralrede hielt und fürchterlich ausgelacht wurde. Aber wichtiger als diese zeitweiligen Mitglieder ist für die Bedeutung des Kreises ein Mann ge-

worden, der ihm von Anfang bis zu Ende angehörte: *Max Stirner*, der eigentlich Johann Kaspar Schmidt hieß, unter dem Namen Stirner aber der Weltgeschichte angehört als Verfasser des Werkes »Der Einzige und sein Eigentum« – das einzige Gedankengebäude großen Stils in der Geschichte der Philosophie, das seinen Verfasser im tiefsten Sinne des Wortes zum *»Anarchisten«* stempelt, d. h. zum Leugner und Befehder aller Ideen und Gesetze, durch die Menschen zu sozialer Vereinigung genötigt werden. Daß dieser Prediger der Herrschaftslosigkeit, dessen Werk gerade aus seiner blinden Einseitigkeit Kraft und Größe sog und durch die Wucht seiner robust naiven, ganz neuartigen Sprache gewaltige Wirkung getan hat, daß dieser Mann, den man nicht mit Unrecht den einzigen wirklichen Theoretiker des Anarchismus genannt hat, gerade inmitten der Geschichte der Berliner Bohème steht, ist zum mindesten ein viel bedeutendes Sinnbild. Denn was ist »Bohème« im Grunde anderes als ein friedlicher Versuch zu *praktischem Anarchismus*, d. h. zur Bildung eines unbeherrschten Lebenskreises außerhalb der staatlich organisierten Gesellschaft?![2]
– –

Das wertvollste, was wir über die Bohème jener Tage wissen, verdanken wir denn auch dem Biographen Stirners John Henry Mackay, der in seinem Stirner-Werk ein großes Kapitel über die »Freien« geschrieben hat, in dem zahlreiche Daten mit Liebe und emsiger Arbeit gesammelt sind. – Übrigens war Stirner ein ruhiger, stillvergnügter

---

2 Daß das hier im genauen Sinne des gewöhnlichen Sprachgebrauchs zur Charakteristik der Bohème angewandte Wort »Anarchismus« für wissenschaftliche Terminologie unzureichend ist, soll erst an späterer Stelle gezeigt werden.

Zuschauer in dem sonst so lärmend lauten Kreise bei Hippel. Nach dem wenigen, was wir von dem Verfasser des »Einzigen« wissen, kann seine starke und in so einziger Art selbstbewußte Individualität nicht stürmisch aktiven Wesens, nicht leidenschaftlich bewegt gewesen sein – eher mag seine mit seinem skeptischen Lächeln zuschauende, mit kritischem Behagen genießende, stille Natur etwas vom epikuräischen Wesen eines alten Philosophen gezeigt haben. Der einzige der vielberedeten »Streiche« der Freien, der mit Stirners Namen in wesentlicher Verbindung steht, ist die in verschiedenen Versionen überlieferte Geschichte von der Trauung Stirners mit einer Genossin der Freien: Marie Dähnhardt. Wie diese Geschichte sich auch verhalte, – daß die Trauung hochgradig unfeierlich und wohl ostentativ formlos – recht im oppositionellen Geiste der »Freien« sich zugetragen hat, steht fest. Der amtierende Konfistorialrat soll in Stirners schwach aufgeräumter Stube die Trauung überaus leger, zum Teil in Hemdsärmeln, angetroffen haben, und die im entscheidenden Augenblick mangelnden Ringe ersetzte Bruno Bauer kühl lächelnd durch die Messingreifen seiner Geldbörse. – Solch von souveräner Gleichgültigkeit gegen alle Formen der Gesellschaft zeugendes Verhalten, solche mehr passive Verhöhnung der Bourgeoisie entspricht noch am besten dem Bilde, das wir uns von der mehr kontemplativen Natur Stirners machen müssen – der in seiner radikalen inneren Losgelöstheit von jedem konventionellen Band gewiß ein ganz *echter* Genosse der freien Zigeuner war – wenn auch ein stiller. Alles Aktive, allen Überschwang losgelassener Lebensfülle vollführte dieser peinlich sensitive Philosoph im Gehirn, im Denken, er feierte Orgien in seinem Werke. –

Von den übrigen Mitgliedern der »Freien« aber erzählte man tausend tolle Streiche, und wenn man auch ein gut Teil der Legendenbildung zuschreiben kann, die bei den ängstlichen Berliner Bürgern über diese »Bande« in Blüte stand, manch derbes Stück ist doch wahr. So jene ergötzlichen Szenen, wenn Hippel nicht mehr pumpen wollte und die »Freien« allen Ernstes mit dem Hut in der Hand »die Linden abfechten« gingen, um beutebeladen zur Bowle zurückzukehren! – Aber über solche Tollheiten hinaus kommt diesem Kreise, den man je nachdem in aller Art Geselligkeit, bei stumpfsinnigem Vergnügen an Tabak und Kartenspiel, wie bei ernster leidenschaftlicher Diskussion über die höchsten Dinge, aber auch bei zügelloser Lustigkeit antreffen konnte, doch eine ernste Bedeutung zu: er war in jenen vormärzlichen Tagen ein Hegeherd aller freiheitlichen Ideen, aller mutigen Kritik, aller selbständigen Denkart; und wenn er auch nicht direkt in der Öffentlichkeit gewirkt hat, so hat er doch vielen seiner jungen Mitglieder wertvolle und bleibend wirksame Anregung gegeben, und in den Werken jener Männer ist sicher manche für die Allgemeinheit wertvolle Frucht aufgewachsen, deren Samen die Jünglinge in jener wilden Zeit unbeschränkbaren Freiheitsdranges empfangen haben – im Heerlager der Berliner Bohème, unter den »Freien« bei Hippel.

5. Zwischenzeit
(1850–1880)

Das große europäische Sturmjahr 1848, das in jede Art menschlicher Gemeinschaft hineinwehte, ging auch im Leben der Berliner Bohème nicht spurlos vorüber. Die Bewegungen des Jahres lösten den Kreis der »Freien« bei Hippel auf; einige seiner Mitglieder nahmen an den Kämpfen der Revolution, alle aber an der tiefen Depression teil, mit der nach dem Mißlingen die Reaktion auf dem Lande lastete. Stirner starb früh und in großem Elend, Ludwig Buhl endete durch Selbstmord, Bruno Bauer führte noch ein langes, mühseliges und ruhmloses Leben als »Einsiedler von Kirdorf«. Andere lebten als Verbannte in England, Frankreich und der Schweiz, oder waren doch weithin durch die deutschen Gebiete versprengt. – In der Preußenhauptstadt war auf lange Zeit kein Platz mehr für eine Schar eigenwilliger, revolutionär gestimmter, genialischer Köpfe, wie es die »Freien« waren.

Was wir im folgenden Jahrzehnt an literarisch-künstlerischen Klubs finden, wie den »Tunnel über der Spree«, von dem uns sein Mitglied Theodor Fontane so launige Berichte gegeben hat, sind doch nur Zusammenkünfte bürgerlich mehr oder minder wohlsituierter und recht gesetzter Herren, die nebenher der Poesie und Geisteswissenschaft beflissen waren, und auch die paar wirklichen Dichter, die sich da finden, wie Th. Fontane selbst und vorübergehend sogar unser herrlicher Theodor Storm, waren teils durch ihr reifes Alter, teils aber durch ihre ganze Naturanlage in Lebensführung und Lebensauffassung nichts weniger als Bohémiens. So scheiden denn diese (in anderer Hinsicht so interessierenden) Kreise ganz aus unserer Betrachtung aus. – –

Aus den sechziger und siebziger Jahren sind uns, z. B. durch die Schauspielermemoiren von Emil Thomas, mancherlei Zechbrüdergenossenschaften bekannt, die teils bei Dressel unter den Linden, teils bei Siechen in der Burgstraße (dort nannten sie sich – lucus a non lucendo – die »Griechen«!) ihren Sitz hatten und sich wahrscheinlich für wahre Teufelskerle von Zigeunern hielten. Wer aber diese Tafelrunden und ihre Vergnügungen näher besieht, der findet, daß diese Gemeinschaft von Theaterleuten, Mimen, Journalisten etc. eine verzweifelte Ähnlichkeit mit einem biederen Philisterstammtisch hatte, wenn man auch etwa mal die Zeche länger schuldig blieb, als es sich für gute Bürger schickte. Schulden haben allein ist aber wirklich noch nicht das Kriterium des Bohémiens. Diese etwas bummligen, aber ganz praktisch veranlagten Biederleute mit der Bierlustigkeit und dem gastronomischen Enthusiasmus sahen im ganzen in der Kunst doch nur den Berufszweig, zu dem sie gerade Sympathie und einiges Talent mitbekommen hatten, wie ein anderer zum Wollwarenhandel – ein großes tragisches Grundverhältnis zum Leben, eine tiefere innere Gebundenheit an die wilden Kräfte der Natur, das war ihnen die Kunst nicht. Leute, in deren Blut etwas davon rumorte, wie der geniale Ernst Dohm, blieben Ausnahmen, und wenn sie gar wirklich im Wesen und Gebaren echtes Zigeunertum zeigten, wie der köstlich freche Otto von Fielitz, einst ein beliebter Komiker am Berliner Viktoriatheater, so sahen die Zechgenossen zu ihm schon mit dem ganzen halb respektvollen, halb verächtlichen Staunen des rechten Philisters auf. – Unter den Zechbrüdern bei Dressel, bei Siechen etc. waren damals wohl mancherlei leichtgesinnte, vielleicht auch absonderlich geartete und espritvolle Lebemänner, wie der Theatermann Hugo Müller, der Musikus Conradi, der Professor Pernice – Bohémiens waren all das aber nicht; der empfundene und bewußte Gegensatz zur Gesellschaft, der revolutionäre Trieb des Heimatlosen fehlte bei diesen frohgelaunten Bürgern durchaus. –

So wird man sagen können, daß im historischen Sinne zwischen 1850 und 1880 eine Bohème in Berlin nicht existiert hat. Ganz gewiß haben in all der Zeit Universität und Kunstakademie, Theater und Literatur nicht aufgehört, ein Kontingent junger Leute von starkem Freiheitsdurst und rebellischen Anschauungen zu stellen, die sich in möglichst zwangloser Form zu bohèmeartiger Lebensführung zusammenschlossen. In das Gesichtsfeld der Kulturgeschichte rückt solche Menschenschar als überlieferungswürdige Bohème aber erst dann, wenn in ihr sich große Persönlichkeiten entfalten, deren Wirken über die Zigeunerwelt hinaus den großen Kreis der staatlich organisierten, der »geschichtemachenden« Menschheit mitergreift.[3]

An solchen großen Persönlichkeiten aber war in Deutschland zwischen 1850–1880 auf allen nichtpolitischen Gebieten (und der Politiker, der Staatsmann ist im tieferen Sinne *niemals* Bohémien!) bitterer Mangel; besonders der Jugend fehlten sie. Die paar großen Namen, die Deutschlands Literatur und Kunst in dieser mageren Epo-

---

[3] Hier handelt es sich eben *in erster Linie* um eine Würdigung der Bohème nach ihren *Inhalten*. Das Werk der Asoziologie wird es sein, die Betrachtung der *formalen* Prinzipien in den Vordergrund zu schieben.

che, einer der magersten, die sie je erlebt haben, aufweisen konnten, gehörten älteren Meistern an, die über jene Lebensepoche, in der die Neigung zur Bohèmeexistenz ein beim genialen Menschen häufiger, ja *nahezu normaler* Fall ist, längst hinaus waren. *Spezifische* Bohèmenaturen, wie E.T.A. Hoffmann und Grabbe etwa, denen noch auf der Höhe des Lebens die Zigeunerexistenz das natürliche ist, gab es nicht unter den wenigen Großen jener Tage.[4] – Die Generation aber, die damals jung war und den großen Markt der Literatur und Kunst erfüllte, war größtenteils in der unschöpferischen, verflachenden Nachahmung alter Formen und Inhalte befangen, ihr, die sich höchst zufrieden im Glanze der neuerrungenen politischen Siege sonnte, fehlte gerade jener trotzige Eigenwille, jener revolutionäre, vorwärts strebende Geist, der immer den ersten Anstoß zur Entstehung einer Bohème geben muß, die inneren Wert, die Kraft und Bedeutung besitzt.

– – – – – – – – – – – – – – – – – – –

Da brach mit dem Beginn der achtziger Jahre jene revolutionäre Bewegung über unsere Literatur und Kunst, ja über das ganze geistige Leben der Zeit herein, die man heute meist recht falsch mit dem Schlagwort »Naturalismus« bezeichnet. Falsch, denn das naturalistische Dogma, die verhängnisvoll törichte Lehre, daß die Kunst lediglich die Bestimmung habe, Natur, möglichst genau und unverändert wieder Natur zu sein, trat erst verhältnismäßig spät in die

---

[4] Die Namen Hebbel, Storm, Keller, Raabe, Fontane, Menzel bekräftigen das zur Genüge; diese Besten aus jener Epoche sind rechte Heimatnaturen, lokal und sozial tief gewurzelt, als spezifische *Nicht-Zigeuner*!

Bewegung ein, erfunden von dem dogmenlüsternen Geist Arno Holzens und mit erschreckendem Erfolg propagiert von einigen mehr praktisch tüchtigen als geistig tiefdringenden Jüngern der rationalistisch beschränkten Schule des Philologen Scherer. – Was aber am Anfang der Bewegung stand, was ihr Schwung und Kraft, Größe und Bedeutung gab, das war nicht eine schiefe ästhetische Lehre, das war der helle Enthusiasmus, die groß anbrausende Lebenskraft vollblütiger Naturen aus der inzwischen herangewachsenen Generation, die statt blasser, nachgeahmter Formen und seichter, tändelnder Inhalte das große angstvoll bewegte Leben der Zeit in neuer eigenwüchsiger Weise gestaltet sehen wollten. Nach Ernst und Tiefe, nach einer innerlichen Bewältigung der großen Probleme, die inzwischen Naturwissenschaft und Volkswirtschaft dem denkenden Menschen gestellt hatten, rang man, und der Hauptsammelplatz dieser ringenden, gärenden, von höchster Lebenslust und größtem Lebensernst erfüllten Geister wurde *Berlin*. Und damit bekam Berlin auch wieder eine *Bohème*.

6. Die Brüder Hart

Im Mittelpunkte der Berliner Bohème standen damals, zu Beginn der achtziger Jahre, zwei Brüder, dieselben, die auch recht eigentlich die Vorkämpfer der literarischen Revolution waren, ja die mit ihren »Kritischen Waffengängen« als die eigentlichen Entfessler der Bewegung gelten dürfen: *Heinrich und Julius Hart*. Aus Westfalen, dem Kernlande des Niedersachsenstammes, sind die beiden gebürtig, und sicherlich haben sie viel von ihrem Besten, ihren tiefen, ernsten Naturblick, ihre große kindliche Gläubigkeit aus der Heideluft ihrer Heimat mitgebracht. Schon als Studenten waren sie aus Münster nach Berlin gezogen, dann hatten sie sich als Journalisten in allen möglichen Gegenden Deutschlands herumgeschlagen. Als sie nun zu Beginn der achtziger Jahre wieder in Berlin landeten, da ward ihre Chambregarniebude in der Luisenstraße alsbald das erklärte Hauptquartier der Berliner Bohème. Alles, was sich an jungen, jüngsten Dichtern und solchen, die es werden wollten, in Berlin vorfand, alles, was von Literaten und Schauspielern, Studenten und Kunstschülern revolutionäre Gesinnungen hegte oder zur Schau trug, das strömte bei den Harts zusammen, und alle wurden freundlich aufgenommen, fanden Rat und reiche Anregung, fanden auch oft genug materielle Unterstützung – obschon die Brüder selbst in den denkbar kärglichsten Verhältnissen lebten. »Oft« – erzählt Heinrich Hart – »mußte ein Käseziegel im Werte von 25 Pfennig als Abendbrot herhalten für zehn edle Geister.« – Vom Leben und Treiben in diesem Zigeunerasyl hat später Ernst von Wolzogen in seiner Komödie »*Das Lumpengesindel*« ein Bild entwerfen wollen. Kundige haben die Ähnlichkeit dieses Bildes in vielen Beziehungen bestritten; aber in seiner ersten, noch nicht nach weisem dramaturgischen Rat theatralisch verballhornten Fassung strahlt dies Stück so viel heiteres und rührendes, in sich wahres Leben aus, daß trotz aller Abweichungen im einzelnen, vom Ton des Vorbildes ganz gewiß etwas eingefangen sein muß. Indessen sind wir nicht auf Wolzogen, der jene Zustände in ihrer echtesten Fassung nur noch vom Hörensagen kannte, angewiesen; ein Augenzeuge, Wilhelm Boelsche, hat uns das Hartsche Heim ganz prächtig geschildert:

»Lange Jahre hindurch, wenn man zu Harts kam, fand man in ihrem armen Heim immer und immer wieder die seltsamsten Gestalten. Stellenlose Schauspieler, die auf dem alten Sofa nächtigten, verkrachte Studenten, Bucklige, die sich nachts in einer alten Hose ringelten, in einem Bein geborgen und mit dem anderen zugedeckt, neu zugereiste Halbpoeten, die noch keine Wohnung hatten und auch kaum eine finden würden, literarische Propheten, die vom Prophetentum nur die Heuschrecken und Kamelshaare besaßen. Das kam und ging, lebte hier Wochen und Monate wie zuhause, aß, was da war, und pumpte, was bar war. Und alles aufgenommen mit der gleichen unerschöpflichen Gutmütigkeit, alles hingenommen wie selbstverständlich, alles gefüttert und gepflegt durch Teilen des letzten eigenen Groschens. Mancher Redakteur, der in diesen Jahren gegen die Brüder wetterte wegen eines Vorschusses, der niemals abgearbeitet wurde, mancher Verleger, der ihnen grollte wegen Zahlung auf Versprechungen, die nie so gehalten wurden: er ahnte nicht, daß mit seinen Groschen ein Tisch gedeckt stand für die ganzen hungernden Alraünchen und Hutzelmännchen der Berliner Kunst.«

Wie sehr die Brüder Hart damals als Orakel aller neuerungssüchtigen revolutionierenden Geister galten und zugleich welch kuriose Blasen der Strudel der jäh aufgewachten Zeit damals trieb, das zeigt recht ergötzlich eine Anekdote, die uns Heinrich Hart in seinen Erinnerungen an »die Literaturbewegung von 1880–1900« (Der »Tag« 1903) mitgeteilt hat: »Erscheint da eines Tages ein bedenklich jung aussehender Jüngling aus Magdeburg, der Rat und Beistand der Brüder Hart für einen von ihm und seinen Freunden begründeten Verein begehrt. Der Verein gedenke seine Agitation auf Abschaffung folgender drei lästiger Institutionen zu wenden: *Gott, Staat* und – *Schule!* – Der letzte Punkt erregt Verdacht und auf weiteres Befragen stellt sich in der Tat heraus, daß der hoffnungsvolle Weltumstürzler wirkliches Mitglied der Sekunda des Gymnasiums zu Magdeburg ist!«

Indes darf man über solch schnurrigen Auswüchsen nicht vergessen, wieviel starkes, gesundes, fruchtbares Leben doch in all dem Treiben steckte, das sich da um die zwei selbst kritisch und poetisch rastlos schaffenden Brüder abspielte. Wieviel innerer Fortschritt und segensreiche Klarheit ist nicht für viele junge Talente schließlich aus den langen, wirren, wilden Debatten aufgestiegen, die der Kreis ohne Unterlaß über alle möglichen Fragen der Kunst und Wissenschaft, der Religion und Politik führte. Schauplatz dieser Diskussionen bildeten außer der Hartschen Bude Restaurants und Cafés in wechselnder Folge; eine Zeitlang genoß das »Würzburger Bräu« den Vorzug, in dem sich schon ein Stammtisch etwas älterer Literaten, wie Bleibtreu und Kretzer, vorfand. Die eigentliche Zigeunerschar aber, die Gefolgschaft der Harts, bildeten die allerjüngsten Poeten: da war Wilhelm Arent, der blasse, nervöse Patriziersohn, ganz »Dekadent«, hysterisch durch und durch, häufiger Gast von Nervenheilanstalten und stolz darauf – stets in unberechenbar jähem Wechsel von Zorn und Liebe, selbstbewußter Lebensfreude und aschgrauer Todesstimmung.

Dann war da Karl Henckel viel ruhiger, breiter, normaler in seiner ganzen Art; Hartleben taucht in diesem Kreis zuerst auf – vor allem aber *Hermann Conradi*. Conradi »mit seinem bleichen, mokanten Gesicht, umflammt von goldrotblonder Lockenmähne, mit geistreich blitzenden Pincenezgläsern vor den übermütig gekniffenen, scharfen Grauaugen, die unvermeidliche Zigarre im Mundwinkel« – so hat ihn ein Jugendgenosse geschildert. Conradi war mit seiner unselig gerissenen, wildwüsten, aber durch und durch genialischen Natur vielleicht der eigentlichste Bohémien, der echteste Zigeuner in dieser Schar. Er, dessen feurige, großzügige Programmschriften einen ganz anderen Geist atmen, als ihn später mit mehr Erfolg die kleinen Prediger des Naturalismus, die Holz und Brahm, verkündeten, er, der in Lyrik und Roman neben Unfertigem, Rohem so viele Proben höchster Begabung abgelegt hat und der dann so tragisch früh und unvollendet dahin sank, hat vielleicht in diesem Kreise die meiste Ähnlichkeit mit den großen Berliner Bohémiens der romantischen Periode, mit Grabbe zumal. – *Die Harts* waren wohl das Haupt dieser Bohème – aber nicht in dem Sinne wie Grabbe, daß sie mit der Gewalt *ihres* Wesens dem Kreise erst das Zigeunergepräge aufgedrückt hätten. Viel eher können sie als lächelnde, genießende Zuschauer gelten, die, meist an Alter und wohl stets an Reife und Erfahrung den Genossen überlegen, diesen Zuflucht und Stütze, ja selbst eine Art Heim bieten und so eher dazu beitragen, den spezifischen Bohèmecharakter des Kreises zu mindern. Was sich an Zigeunertum doch so reichlich in ihrem Kreise fand, das brachte außer jenen typischen Faktoren: dem rebellischen Geist und der materiellen Misere schon das wildflatternde Temperament ihrer jungen Freunde mit sich. Bei den Harts selbst findet sich neben manchem echt »zigeunerhaften« Wesen, neben der Neigung zum leichten, ums Praktische unbekümmerten Dahinleben, doch auch ein heimatständiger, deutschgemütvoller, schwer beharrender Zug, der als ein bürgerliches Element oft jenem die Waage hält. Der reinste Typus des Zigeuners scheint mir deshalb nicht bei den Führern des Kreises, sondern bei Conradi zu finden, aus dessen Zweifeln und Verzweiflungen am tiefsten das Wesen des Heimatflüchtigen und Heimatsüchtigen, des ruhelosen Zigeuners spricht. – Alle aber einte vor der Hand die innere und äußere Situation zu einem Bohèmeleben, wie es Berlin nie echter und ausgiebiger gesehen hat – und kaum auch je fruchtbarer. Große Werke sind in jenen Jahren freilich nicht geschaffen worden; wieviel zukunftsvolles, produktives aber doch in dem starken, jedem Eindruck weit offenem Leben dieser Tage lag, das hat Heinrich Hart in ein paar Versen seiner großen, leider noch sehr fragmentarischen Dichtung, im »Lied der Menschheit« (Teil 12) prachtvoll ausgedrückt:

Was ich jetzt schaffe? fragst du, Tor! O Tor!
Ich lebe! und mein Leben drängt empor;
nach allen Seiten treibt es Sproß an Sproß
in alle Tiefen senkt es Schoß an Schoß – –
Ich habe hundert Sinne, jeder dringt
und tastet in die Dinge, jeder ringt
nach einem Tropfen aus der Flut des Lichts – –
ist das kein Schaffen nun – so schaff' ich nichts.

Ich denke doch, die Berliner Bohémiens von 1882 bis 1886 sind »*Schaffende*« gewesen.

7. »Durch«

Die literarische Bewegung, die die Harts Anfang der achtziger Jahre entfesselt hatten, und die inzwischen in Bleibtreus Broschüre »Revolution der Literatur« eine Art Programmschrift erhalten hatte, fing jetzt an, weitere Kreise zu ziehen, und damit schuf sich auch die Berliner Bohème neue Zentren. –

Aus akademischen Kreisen erwuchs der Verein *»Durch«*, von Anfang an bestimmt, Sammelplatz aller Streiter im Kampf für die »Moderne« zu werden.

Die Harts selber und die meisten Mitglieder ihres Kreises haben auch in diesem Vereine, wie fast in allen Bohèmezentren, die wir noch betrachten werden, ihre Rolle gespielt – aber solche Personalunion darf uns nicht abhalten, die verschiedenen Gruppenbildungen jener Tage gesondert zu betrachten; nur so werden wir einigen Einblick in das Leben der damaligen Bohème gewinnen können. Tauchen doch bei jeder geselligen Neubildung, die die Entwicklung der Dinge mit sich brachte, auch *neue* Persönlichkeiten auf, die der Gruppe einen eigenen neuen Charakterzug und so dem Gesamtbilde der Bohème einen neuen Farbenton verleihen. Die innerhalb solcher Betrachtung interessanteste Gestalt im »Durch« ist nun wohl *Leo Berg*, der skeptische Analytiker, der Meister der Polemik. Er hatte diesen Verein in Gemeinschaft mit dem mehr pathetischen und sehr viel mehr doktrinären Eugen Wolf gegründet. Leo Berg, ein Mensch von denkbar größter geistiger Selbständigkeit, voll bitterster Verachtung aller gesellschaftlichen Gewohnheits- und Bequemlichkeitslügen, dazu von hitziger, kampffroher Angriffslust und jener so tiefberechtigten Ungerechtigkeit des großen Temperaments gegen alles Gehaßte, war gewiß zum Bohémien geschaffen. Während der weit weniger tiefe Eugen Wolf heute recht bürgerlich einen Professorensitz bekleidet, führt Berg, dessen Erfolge in gar keinem Verhältnis zur Bedeutung seiner literarischen Leistung stehen, noch heute eine trotzig einsame Existenz, die so abseits liegt vom Getriebe der »guten Gesellschaft«, wie einst das Leben des jungen Studenten und »Durch«-Präsidenten. Aber obwohl so der Obmann des Kreises ein Zigeuner bester Art, ein galliger Gesellschaftsfeind großen Stils war, und obwohl der literarische Klub auch hin und wieder mit mancherlei festlichen Veranstaltungen versuchte, ein intimeres Zusammenleben seiner Mitglieder herbeizuführen, haben doch die Gesinnungsgenossen von »Durch« nicht entfernt eine so innige charakteristische Gemeinschaft gewonnen, wie die Mitglieder des Hartschen Kreises. Der Grund hiervon ist wohl, daß Berg, obwohl in stärkerem Grad Bohémien als die Harts, nie jenen Trieb zur Propaganda, jene gewinnende Freundlichkeit, jene gesellige Rührigkeit besessen hat, mit dem diese Brüder Menschen heranzogen und zusammenhielten. Beinahe in allen Vereinigungen auf geistig kulturellem Gebiete, die wir in den letzten 25 Jahren in Deutschland erlebt haben, spielen die Harts eine Rolle – Leo Berg, in dessen durch und durch kritischen, selbst zynischem Wesen viel imposante Größe, aber wenig gesellig Fesselndes liegt, hat nie dauernd einem jener engeren Kreise angehört, er war und ist ein Einzelner. Und eins kommt zu dieser mindergeselligen Art des Führers hinzu: Berg ist wie Heinrich Heine, dessen feinster und tiefster Versteher er mir heute zu sein scheint, Jude und als solcher – wie Heine – durch die klare Kühle seiner unverwirrbaren Reflexion in etwas von dem arischen Vollblut-Bohémien, dem Lebenberauschten, geschieden. Da aber diesem großen, im seltenen Maße *rein* kritisch beanlagten Analytiker, die Elemente lyrischer Weichheit fehlten, die die poetische Beanlagung in Heine als beruhigende verbürgerlichende Substanzen hinzubrachte, so ist Berg im Innern wie in der Lebensführung noch zweifelloser ein Zigeuner als Heine. Trotzdem mag die spezifisch jüdische Art von Bergs Bohèmetum: Bis zum Zynismus furchtlose Kritik, höhnischer Trotz wider die Lebensschranken der Gesellschaft – dabei aber Mangel aller wilden Aktivität, aller unbedenklich hinstürmenden Lebenslust – diese Art mag mit Schuld sein, daß der Verein »Durch« viel weniger der Geschichte der »Berliner Bohème« als der der deutschen Literatur angehört. Hier traten Holz, Schlaf, Wille zuerst auf, hier trugen Hauptmann und Mackay ihre frühsten Schöpfungen vor; aber der Verein blieb für all seine Mitglieder doch mehr ein geistiger Turnierplatz, als der Nährboden für die Wurzeln ihrer Existenz. – Aber solchen Nährboden abzugeben, die Atmosphäre für etliche verwandte Geister zu schaffen, das scheint mir gerade das eigentliche Wesen einer Bohème, einer anarchistischen Lebensgemeinde zu sein. Und solche Gemeinde ganz eigener Art trat nur wenige Zeit nach der Begründung des »Durch« zusammen in – *Friedrichshagen.*

8. Friedrichshagen

Die Friedrichshagener Kolonie ist ein ganz eigenes Kapitel in der Geschichte der Bohème. Denn die Bohème ist ein *Großstadtkind*, erzeugt und geboren von diesen Zentren moderner Kultur, die alle Talente in sich aufzusammeln trachten und ihnen hier so schnell, so vielfältig Lebensnahrung zuführen, daß kritische Erkenntnis und Neuschöpfungswille weit schneller keimt und reift als eine soziale Möglichkeit ihnen innerhalb der Gesellschaft nachzuleben – und da entstehen die trotzig genialen Außenseiter, die Bohémiens. Die Großstadt züchtet und sammelt und verbindet sie – Bohémiens einzelne hat es immer gegeben, eine »Bohème« gibt es aber erst, seit es moderne Großstädte gibt.[5]

So, als ein rechtes Großstadtgeschöpf war auch der Hartsche Kreis, das Zigeunerlager in der ersten Hälfte der achtziger Jahre entstanden. Da geschah etwas Merkwürdiges: in einigen seiner Mitglieder begann eine starke Natursehnsucht sich aufzulehnen gegen den Qualm und Lärm des Großstadtlebens, eine Sezession begann hinaus in die Märkische Heidelandschaft, zu Kiefernwald und See – da entstand die *Vorortsbohème* in Friedrichshagen. Auch sie gewiß noch genährt und bewegt vom Geiste der nahen Weltstadt, aber doch mit den stilleren Genüssen unserer großen

---

5 Das Wort »Bohème« ist streng genommen zweideutig; hier ist es = »Gemeinschaft der Bohémiens« gebraucht. Im Sinne von »Lebensart des Bohémiens« ist die Bohème natürlich nicht an die großstadterzeugten Kulturzigeunergruppen gebunden, sondern tritt bei jedem Einzelnen und, wie schon gesagt, auch beim Landsknecht und beim Handwerksburschen, beim Räuber und Commis voyageur allenthalben in Erscheinung.

ernsten märkischen Landschaft eine ganz neue Erscheinung: ein Lager der Kulturzigeuner, – nicht in Mietskasernen und Nachtcafés, sondern in Bauernhäusern, in Wald und Heide. Das ist ein ganz neues Bild und wohl bloß in *deutschen* Landen möglich. Der einzige Vergleich, der sich hier einstellen könnte, mit der Malerkolonie von Fontainebleau, paßt doch auch nicht recht: dort, beim Maler, ist es das direkte Bedürfnis seiner Kunst, das ihn in die Landschaft führt, hier aber war's zunächst nur das Bedürfnis des Menschen, die Sehnsucht nach reineren Eindrücken für Auge und Ohr, als der Straßenschmutz und Straßenlärm sie bietet, was eine Schar von jungen Schriftstellern am Ufer des Müggelsees zusammenführte. Danach freilich wird die tiefe religiös stimmende Wirkung dieser reinen und hier in ihrer Schlichtheit so großen Natur gewiß auch im künstlerischen Schaffen manches dieser Poeten fruchtbar geworden sein. –

Was im speziellen für den Ort Friedrichshagen entschied, war, daß die dem Kreise nahstehenden Brüder Kampfmeyer schon dort ansässig waren, und daß wenige Stationen weiter, in Erkner, ein guter Freund der Hartschen Genossen, ein damals noch ganz unbekannter junger Dichter angesiedelt war: Gerhart Hauptmann. So zogen denn im Sommer 1888 zwei erst später hinzugetretene aber den Führern eng liierte Mitglieder der Hartschen Schar hinaus: *Bruno Wille* und *Wilhelm Boelsche*, beide Freunde heute durch philosophisch-naturwissenschaftliche Schriften wohl bekannt, beide heute als Sprecher der »Freireligiösen Gemeinde« rechte Priester der Naturreligion. – Nicht lange und die Brüder Hart folgten selbst zu dauerndem Aufenthalt in Friedrichshagen. Damit war der Kern der

Kolonie fest begründet. Und bald folgten nun als Ansiedler für längere oder kürzere Frist eine große Zahl von Künstlern und Dichtern, und noch größer war die Schar literarischer Berühmtheiten, die sich zu wiederholten Besuchen dort einfanden. Da waren die Skandinavier Ola Hansson und Arne Gaborg mit ihren Frauen; da waren die jungdeutschen Dichter Halbe, Polenz, Gumppenberg, Hirschfeld, auch Walter Leistikow, der seinen wahren Beruf damals noch nicht entdeckt hatte und statt meisterlicher Landschaftsbilder mittelmäßige Romane schuf. Da war auch eine Zeit lang *Franz Wedekind*, der heute in München ansässig ist und unbestreitbar als Mensch und Künstler der erste Bohémien deutscher Nation ist. (In der Geschichte der *Berliner* Bohème hat er leider eine zu unbedeutende Rolle gespielt, als das wir diesen interessantesten aller Zeitgenossen hier näher betrachten dürften.)

Für den Ruhm der Friedrichshagener Kolonie aber wurde am wichtigsten ihr Nachbar in Erkner, der bald darauf

als dramatischer Heros der Moderne entdeckte *Gerhart Hauptmann*. Hauptmann, der damals schon, sehr jung, zu Familie und Wohlstand gelangt war, ist in seiner nervösen, scheuen, eingezogenen Lebensart nie Bohémien gewesen, aber er war damals mit dem Kern der Friedrichshagener so eng befreundet, daß man ihn mit Recht ihnen zugezählt hat; seine Erfolge haben dann am meisten dazu beigetragen, die Aufmerksamkeit weiterer Kreise auf diese Vortsbohème zu lenken. Manche Leute erzählen auch, daß Hauptmann, der nicht bloß der Dramatiker, sondern auch der Kapitalist unter den schlechtbegüterten Friedrichshagenern war, außer durch seinen Ruhm noch durch seine Monatswechsel, deren jedesmaliges Eintreffen ein weihevoller Moment für weitere Kreise gewesen sei, eine hervorragende Rolle in der Kolonie gespielt habe. Noch schwärzere Wirtschaftsverhältnisse deutet eine Anekdote an, die so berichtet: Bisweilen geschah es, daß unter den Mitgliedern der Kolonie gesammelt ward – und vom Ertrage der gesammelten Summe kaufte man – ein Eisenbahnbillett dritter Klasse nach Berlin. Alsdann ward einer der Männer mit diesem Billett ausgerüstet und nach Berlin entsandt, auf das er einen Pump aufnehme. Kehrte er dann nach geraumer Zeit *per Bahn* zurück, so ward er jubelnd begrüßt, denn dies allein war schon ein Zeichen, daß seine Mission gelungen sei. Andernfalls kehrte er erheblich später, tief betrübt und *zu Fuß* heim – woher hätte er noch das Kapital zur Rückfahrkarte nehmen sollen? – – – Also erzählen Gerüchte, für deren Wahrheit ich hier nicht einstehen will, denn gewiß hat, nachdem die Öffentlichkeit erst einmal begonnen hatte, von den Friedrichshagenern Notiz zu nehmen, eine starke Legendenbildung um sich gegriffen. Aber für folgende Vorgänge habe ich den Bericht eines sehr authentischen Zeugen: Als Julius Hart in Friedrichshagen Hochzeit feierte – ein Ereignis, das man doch immerhin als wesentlichen Markstein auf dem Wege zur Verbürgerlichung ansehen sollte – da tanzten zwei Männer, deren Persönlichkeiten uns noch später sehr beschäftigen werden mit geschwungenen Likörflaschen einen sehr – aber auch schon sehr ekstatischen Masurek. Danach hoben die beiden – es waren Stanislaw Przybyszewski und Richard Dehmel – den deutschen Dichter und Phantasten Paul Scheerbart aufs Podium und versteigerten ihn meistbietend. Für eine Batterie Cognac ward er losgeschlagen. – – Man berichtet, daß Friedrich Lange, der als Besitzer der »Täglichen Rundschau« damals Chef der Harts und zu Gaste war, sich in seinem bürgerlichen Gemüte ob solchen Gebarens schwer entsetzt habe. – – So scheint's gewiß, daß es in dem starken, schönen, ungebundenen Leben der Friedrichshagener, unter denen übrigens auch das weibliche Element reich vertreten war, genug gab, was man vom Bürgerstandpunkt aus als Bohème bezeichnen muß, und auch an tragikomischen Scharmützeln mit der materiellen Not, wie sie die Hartschen Tage in der Luisenstraße so oft gesehen hatten, wird es hier draußen noch nicht ganz gefehlt haben. Aber auch das ist gewiß, daß hier in der frischen Luft und freien Natur eine neue Kraft auf den Geist der Großstadtbohémiens eingewirkt hat, daß sich hier über das beengende Treiben der Caféhauswelt hinaus ihr Blick geweitet, ihr Empfinden vertieft und den wahrhaft großen Problemen zugewandt hat. Das mystisch-religiöse Element ist hier in den Harts, den nachmaligen Gründern der »Neuen Gemeinschaft«, wie in Boelsche, dem Deuter des »Liebeslebens in der Natur«, wie in Wille, dem »Allseher« zu starkem Leben erwacht.

9. Berliner Bohème um 1890

Inzwischen aber waren im engeren Kreise der literarischen Bewegung entscheidende Schlachten geschlagen worden: *Arno Holz* hatte die alleinseligmachende Theorie des »konsequenten Naturalismus« entdeckt. Er hatte dann mit seinem damaligen Intimus *Johannes Schlaf* in einem anderen Berliner Vorort, Nieder-Schönhausen, einen Winter verbracht, der zu den stärksten Leistungen der Berliner Bohème gehört, was primitiv absonderliche Lebensführung anlangt; Holz selbst hat ihn so geschildert:

»Unsere kleine Bude hing luftig wie ein Vogelbauerchen mitten über einer wunderbaren Winterlandschaft. Von unseren Schreibtischen aus, vor denen wir dasaßen bis an die Nasen eingemummelt in große rote Wolldecken, konnten wir fern über ein verschneites Stück Heide weg, das von Krähen wimmelte, allabendlich die märchenhaftesten Sonnenuntergänge studieren; aber die Winde bliesen uns durch die schlecht verkitteten Fenster von allen Seiten an, und die Finger waren uns, trotz der 40 dicken Preßkohlen, die wir allmorgendlich in den Ofen schoben, oft so frostverklammt, daß wir gezwungen waren, unsere Arbeiten schon aus diesem Grunde zeitweise einzustellen. Denn mitunter mußten wir sie auch noch aus ganz anderen Gründen quittieren. So z. B. wenn wir aus Berlin, wohin wir immer zu Mittag essen gingen – eine ganze Stunde lang, mitten durch Eis und Schnee, weil es dort ›billiger‹ war – wieder gar zu hungrig in unser Vogelbauerchen zurückgekrochen waren, wenn uns ab und zu, um die Dämmerzeit, während draußen die Farben starben und in all der Stille rings die Einsamkeit, in der wir lebten, plötzlich hörbar wurde, die

Melancholie überfiel oder wenn, was freilich das allerbedenklichste war, uns einmal der ›Tobak‹ ausging.« –

Unter solchen Umständen also brachten die Dioskuren das erste echte naturalistische Meisterwerk, das Novellenbuch »Papa Hamlet« zur Welt. Kurz danach wurde im Herzen Berlins die *»Freie Bühne«* gegründet, die sich unter der Alleinherrschaft von Otto Brahm und Paul Schlenther, Schülern des Nationalisten Scherer und mehr klugen Literaten als künstlerisch tiefen Naturen, alsbald zur Hochburg des naturalistischen Dramas entwickelte. Uns, die wir hier nicht Literatur-, sondern Bohèmegeschichte treiben, muß mehr als die betrübende Verengung, in die die literarische Bewegung hier im Gegensatz zu dem weiter gewordenen Geiste der besten Friedrichshagener verfiel, die Tatsache interessieren, daß in den Siegesmahlen, die den Aufführungen der »Freien Bühne« zu folgen pflegten, die Streiter der Bewegung einen neuen geselligen Mittelpunkt fanden. Auch sonst fehlte es den in Berlin ansässigen Bohémiens nicht an Sammelpunkten: die »Freie literarische Gesellschaft«, öffentliche Rezeption moderner Lyrik und Epik bezweckend, wurde Ende 1890 gegründet, – und noch enger mit dem Wesen der Bohème verbunden war eine Vereinigung, die um diese Zeit in Blüte stand und den schönen und ausdrucksvollen Namen *»Genieklub«* führte. Wenn er wirklich, wie Heinrich Hart behauptet, aus der Asche des »Durch« aufgestiegen ist, so war er jedenfalls recht anderer Art. Bedeutende Geister, die ihm angehört hätten, sind wenig bekannt, in der Literaturgeschichte kann er kaum einen Platz verlangen, aber ein echtes Zigeunerlager muß es gewesen sein.

»Der Genieklub war eine zwanglose Vereinigung junger Literaten, Künstler und sonstiger poetisch angelegter männlicher und weiblicher Gemüter, die ohne besondere Statuten und Formalitäten ihren Zweck in anregendem Beieinandersein und Meinungsaustausch sah. Man kam allwöchentlich einmal, meist Freitags, in einer Gastwirtschaft oder in einer Wohnung eines ›Genies‹ zusammen, las oder deklamierte zunächst etwas, kritisierte sodann und trat endlich in die Fidelitas ein.«

So heißt es in dem Buche *»Berliner Zigeunerleben«* von *Hans R. Fischer*, das 1890 erschien und zu dem das Modell offenbar diese Epigonen der Hartschen Zigeunerherrlichkeit geliefert haben. Die Sitzungen werden dann weiter ganz anschaulich beschrieben: Wie in der Künstlerbude 15 Menschen eng aneinandergepfercht zwar Raum, aber keine Sitzplätze finden, wie man sich durch Ausleihen von Stühlen und Bücherhaufen hilft und als »Krönung des Ganzen« gar eine – Hängematte durch den Raum spannt, den ein paar bunte, schon angesengte Lampions »märchenhaft« erhellen. Nachdem tiefsinnige Gespräche mit tiefpoetischen Ergüssen abgewechselt und zahlreiche Zwiebelleberwurststullen vertilgt sind, wendet man sich intensiv den mühsam erpumpten Bierflaschen zu – die Stimmung wuchs und »zuletzt arrangierte man den Pfahlbauertanz, indem alle in einer festgegliederten Kette um den Tisch herumhopsten und dabei ›Hu, hu, hu!‹ ausriefen.« – – –

Das Buch Fischers, der sich durch seine Studien »Unter den Armen und Elenden Berlins« bekannt gemacht hatte, erregte einst einiges Interesse; heute ist es vergessen und nicht mit Unrecht. Es gehört zu jener unglücklichen Gattung von Büchern, in denen der Autor stillos zwischen historischer Darstellung und freier poetischer Gestaltung hin und her laviert und deshalb weder das wissenschaftliche Interesse, noch die künstlerische Ergriffenheit wachzurufen vermag. Uns ist das Buch immerhin interessant als ein Symptom für die *beginnende Selbstbeobachtung* innerhalb der Berliner Bohème. Die Künstler fingen an, die Reize dieses Milieus bewußt zu empfinden und zu gestalten. Damals ist Wolzogens vorerwähnte Komödie »Lumpengesindel« entstanden, die nach dem Modell des ehemaligen Hartschen Kreises gearbeitet ist. – D. J. Bierbaums Roman »Stilpe« gehört mit seinem Bohèmekapitel der Entstehungszeit und den Modellen nach einer späteren noch zu betrachtenden Periode an; es mag hier aus diesem stark autobiographisch wirkenden Buch nur mitgeteilt sein, daß es in den ersten Teilen, die die Entwicklung Jung-Stilpes schildern, den tiefen Einfluß erkennen läßt, den Murgers »Scènes de la vie de Bohème«, die 1882 neu ins Deutsche übertragen worden waren, damals auf die junge Generation übten: – Jung-Stilpe, in dieser Beziehung sicher ein Typus, erblickt geradezu ideale Vorbilder in diesen französischen Romanhelden, er tauft sich und seine Intimen nach ihnen.

Die künstlerisch feinste Widerspiegelung aber, die das Berliner Zigeunerleben jener Tage gefunden, scheint sich mir in den Dichtungen eines Mannes zu finden, der nur ganz gelegentlich und flüchtig das Thema berührt hat: es ist *Erich Otto Hartleben*, der in all diesen Jahren all diesen Kreisen nahe stand. Aber ihm, dem berüchtigten Spötter, dem Trinkgewaltigen, dem Erz- und Urbohémien, gebührt doch ein besonderes Wort in unserer Betrachtung. Als Humorist ist Hartleben berühmt geworden, aber man hat allzu sehr vergessen, daß dieser Humorist im Grunde ein ernster, tiefveranlagter Mensch ist, ein Poet, der uns

prachtvoll schwerblütige Verse, das groß angelegte Drama »Hanna Jagert«, die tragisch tiefe Komödie in philistros »Erziehung zur Ehe« geschenkt hat. Hartleben ist im Grunde eine durch und durch aristokratische, sehr feinfühlige Natur und sein bekannter Zynismus ist nur die Waffe, mit der er sich den ihm verhaßten »Pöbel« aller Art vom Leibe hält. Darum ist auch sein Bohèmetum so besonders echt, es entstammt einem tiefgründigen Haß gegen die »gute Gesellschaft«, das Philistertum. In manchen Novellen und Humoresken dieses Dichters, in den köstlichen Lore-Geschichten, der »Geschichte vom abgerissenen Kopf« z. B., finden sich sehr charakteristische Beiträge zum Leben der Berliner Bohémiens in jener Zeit – besonders was den erotischen Punkt betrifft. Und nicht minder lebendig spiegelt sich die Stimmung jener Tage in seinen Versen: Otto Erich: Studententagebuch 1885–1886 (Zürich 1887).

Wenn wir uns küssen, lieben wir uns heiß! –
Sind wir getrennt, vom andern keines weiß.
Ist das die echte Lieb? Ich glaub es kaum –
Den Wein der Jugend krönet leichter Schaum.

Oder in jenem Gedicht, das mit der Strophe:

Nun reicht mir den vollen Humpen
Im Kreise der Zecher herum!
Nun lasse sich keiner lumpen
Das Leben ist gar zu dumm!

anhebt – und noch erheblich verwegener schließt. – – Und was für köstlich boshafte Skizzen hat er nicht von seiner Umgebung gemacht, von all den wild ungebärdigen »Genies«, die ihn umgaben. Etwa:

Achtung! Ein Naturalist! Lauft!
Macht, daß ihr ihm aus dem Weg kommt!
Hat euch der Kerl erst gesehn
– steht ihr im nächsten Roman.

oder:

Wir berufen zur Tat,
zum Werke der kommenden Zeiten,
Mutlos sitzen wir da,
fehlt uns – der Dritte zum Skat.

oder:

»Bitte doch sehr,
mich nicht mit der übrigen Welt zu verwechseln.
Ich bin ich!« –
Mehr nicht! Ärmster! Da sind sie was rechts.

Hartleben, der das stolze »Ich bin ich!« mit mehr Recht und Bedeutung von sich selbst sagen darf, lebt heute fern von aller Geselligkeit, der zigeunerhaften, wie der offiziellen, in selbstgewählter Einsamkeit an den Ufern des Gardasees. Er offenbart so die Grundwahrheit, daß niemand dem echten Bohémien näher steht, als der echte Einsiedler, sind doch beide »Anarchisten«, Flüchtlinge vor dem Zwange der Konvention und stolze, eigenwillige Verächter bindender sozialer Pflichten.

10. Bohème, Sozialdemokratie und Anarchismus

Eines der wichtigsten Elemente für Werden und Wesen der Berliner Bohème in den achtziger Jahren haben wir bisher noch nicht gewürdigt. Denn die Bewegung, die sich damals der Jugend bemächtigte, war ja keineswegs eine rein ästhetische. Wohl ging es zumeist um eine Gestaltung der neuen Weltanschauung in der Kunst – das Hauptstreben aber galt doch der Klärung und Befestigung dieser Weltanschauung selbst und von den Problemen, die es hier zu lösen galt, stand neben dem religiösen und naturwissenschaftlichen in erster Linie das *politische und soziale*. Wie die demokratisch-revolutionären Bewegungen der vierziger Jahre eines der wichtigsten Lebenselemente, eines der Hauptbindemittel unter den »Freien« bei Hippel gewesen waren, so spielte die damals immer stärker anschwellende *Sozialdemokratie* eine große Rolle im Leben der Berliner Bohème von 1880–90. Es war die Zeit des Sozialistengesetzes, und Verfolgungen und Schikane aller Art verschafften damals den Führern der Sozialdemokratie eine Märtyrergloriole, die ihre Lehre besonders wirksam für junge Gemüter machen mußte. Dazu kam, daß viele der jungen Literaten, die aus allen Provinzen Deutschlands in Berlin zusammenströmten, hier wirklich zum ersten Male der großen Not der Zeit ins Gesicht sahen und von der traurigen Lebenslage des Proletariats, mit dem sie nun in Berührung kamen, aufs tiefste erschüttert wurden. So bildete denn auch gemeinsame politische Gesinnung, ein mehr oder minder sozialistisch gefärbter Revolutionismus ein starkes Band unter den Berliner Bohémiens von damals; neben den ästhetischen gehörten die ethisch-sozialen Debatten zum eisernen Bestand ihrer Zusammenkünfte, und man kann wohl behaupten, daß fast alle Genossen des Hartschen und Friedrichshagener Kreises in einem etwas weiteren Sinne des Wortes »Sozialdemokraten« waren. Eine kleinere Gruppe aber hatte sich besonders tief in die Bewegung eingelassen, sie gehörte recht eigentlich zur »Partei«: da waren die Brüder Paul und Bernhard Kampfmeyer, da war Julius Türk, da war vor allem *Bruno Wille* und die ihm eng verbundenen Reichstagsvertreter der sozialdemokratischen Partei Werner und Wildberger. Aus diesem Kreise ging dann auch der Plan zur Gründung der »Freien Volksbühne« hervor, durch die die Anregungen und Genüsse der neuen Kunst den breiten Schichten der Berliner Arbeiter zugeführt werden sollten. Aber eben dies Streben nach einer vielseitigeren Ausbildung der Geister, nach der Ausbreitung freierer mehr individueller Kultur unter den Massen führte bald zu einem Bruch in der Partei, der als der Kampf der »Alten« mit den »Jungen« bekannt geworden ist. Die Jungen, das waren die sozialistisch begeisterten Literaten der Berliner Bohème, Bruno Wille vor allem, und eine Zeit lang schien es, als ob er stärkeren und dauernden Erfolg haben sollte.

Es kam aber anders – das Sozialistengesetz ward aufgehoben (September 1890), Bebel kehrte im Triumph nach Berlin zurück, schlug in gewaltigem Redestreit Wille aufs Haupt, und auf dem Erfurter Parteitag (1891) wurden Willes Freunde Werner und Wildberger feierlich exkommuniziert. – Damit war nun das sozialdemokratische Element in der Berliner Bohème noch nicht erloschen; sozialistisch gesinnte Studentenkreise, die Russen spielen dabei eine besondere Rolle, haben noch stets ein starkes Kontingent zur Berliner Bohème gestellt, und die Entstehungsgeschichte der »Sozialistischen Monatshefte« ist mit geheimen und öffentlichen Zusammenkünften von Studenten, Künstlern, Politikern und Literaten verknüpft, die ganz gewiß genug von »Bohème« an sich hatten. Bei den bedeutenderen Persönlichkeiten der Berliner Bohème aber wird seit Beginn der neunziger Jahre die Abwendung von der Sozialdemokratie, mit ihrer einseitigen, unduldsamen Dogmenherrschaft, mit ihrer Verständnislosigkeit für individuelle, künstlerisch reine Werte, immer deutlicher. Es ist die Zeit, wo Nietzsche gewaltig zu wirken beginnt und wo sich John Henry Mackay mit seiner Agitation für Stirner einsetzte, den großen anarchistischen Denker, denselben, der ein halbes Jahrhundert früher im Mittelpunkt der Berliner Bohème gestanden hatte. Und damit beginnt statt der sozialistischen die anarchistische Gesinnung unter den Berliner Zigeunern die herrschende und bindende zu werden. Die anarchistische Gesinnung, der Glaube an die Möglichkeit einer staatlosen, zwang- und herrschaftlosen Lebensgemeinschaft (der übrigens, zur Beruhigung aller ängstlichen Gemüter sei es gesagt, wirklich nicht mit Bombenschmeißen und Dolchattentaten identisch ist!) muß eigentlich als am naturgemäßesten für eine Bohème erscheinen, die ja doch stets ein Versuch praktischer Verwirklichung solchen Glaubens ist. Man könnte wohl sagen, daß die Bohème mit dem beginnenden Einfluß der anarchistischen Lehre in das Stadium der Selbsterkenntnis getreten ist, – indes wird es an dieser Stelle doch unaufschiebbar nötig, die Begriffe *»Bohème« und »Anarchismus«*, die wir bisher so eng aneinandergerückt hatten, einmal hart gegeneinander abzugrenzen. Denn es sind doch keine in ihrer Tendenz identischen

Begriffe. Die an-archistische Bewegung (der scharf gefaßte Sinn entspricht durchaus der ursprünglichsten Wortbedeutung) richtet sich gegen jede Form der Beherrschung, gegen die durch Zwangsgewalt organisierte und geleitete Gesellschaft (den »Rechts-Staat«). Es verträgt sich aber durchaus mit dem Anarchismus eine große Hochschätzung der Gesellschaft, des sozialen Lebens an sich; der Anarchist erstrebt gerade, eine andere, nicht beherrschte, aber vielleicht deshalb nicht weniger innige Gesellschaftsform, weshalb man mit gutem Grunde von »*Sozialistischem Anarchismus*« spricht. Jene Gesinnung aber, die das Wesen eines echten Bohémiens ausmacht, enthält wohl das negative Element des Anarchismus (den Protest gegen den »Staat«) in sich – sie faßt aber einen weiteren Kreis: als die Quintessenz eines Individualismus quand même erstrebt sie nicht nur die Lockerung des staatlichen, sondern jedes sozialen Bandes. Der rechte Bohémien bindet sich an seinen »freigeschlossenen Vertrag« (durch den der sozialistische Anarchist gerade das staatliche Gesetz ablösen will), nicht mehr als an einen behördlichen Paragraphen. In Praxis: er steht für seine Schulden, im weitesten Sinne dieses Wortes, nicht weiter ein als er Lust hat – der Anarchist kann in seinen sozialen Beziehungen außerordentlich korrekt und pünktlich sein. Mit einem Worte, der Bohémien ist nicht bloß An-archist, er ist A-sozialist.[6] Zieht somit

6 Als Theoretiker des A-sozialismus wird man die Philosophen Stirner, vielleicht auch Tucker, in Anspruch nehmen können – im Gegensatz zu den ausgesprochen sozialistischen Anarchisten wie Proudhon oder Krapotkin. NB. »Sozialistisch« ist hier natürlich ethisch, d. h. als Gegensatz zu individualistisch, nicht volkswirtschaftlich als Gegensatz zu kapitalistisch gebraucht. Wer den Kapitalismus verficht, ist im psychologisch-ethischen Sinne deshalb so

der Zigeuner den Kreis seiner Verneinung viel weiter als der Anarchist, so zieht er ihn doch wieder enger als der *Nihilist*. Nihilismus – wenn man das Wort nicht nach dem verbreiteten, aber durch nichts als Gewohnheit berechtigten Brauch gleich dem russischen Revolutionismus setzt – ist eine Weltanschauung, die den Wert des Lebens überhaupt verneint, ist der Taten fordernde Pessimismus, der Zerstörungswille ohne Hoffnung auf Wiederaufbauen. Er befehdet nicht bloß die *soziale* Form des Lebens, sondern das Leben überhaupt. Aus solcher Stimmung heraus *kann* ein Individuum zur Bohème gelangen, der Nihilist wird in der Lebensführung auch Bohémien sein; der Bohémien kann aber zur antisozialistischen Lebensführung, zum reinen Individualismus des Zigeuners sehr wohl aus höchst entwickelter Lebens*bejahung*, aus vollstem Positivismus kommen. Der Asozialismus kann im Kreise des Nihilismus liegen, er kann die Gesellschaft verdammen, weil er – *jede* Form des Lebens verdammt – er kann aber auch tief positiv sein und die Gesellschaft verdammen, weil sie die volle Entwicklung des Lebens, des immer individuellen Lebens, hemmt. Das übrigens die beiden begrifflich streng geschiedenen Dinge, bittere Lebensverachtung und heftiger Lebensgenuß, faktisch, als Stimmungswerte, oft genug Hand in Hand gehen können – ein beim Bohémien besonders häufiger Fall – das weiß jeder Künstlermensch. –

---

gut wie der Kommunist »sozialistisch«, d. h. sozial interessiert, von der Wichtigkeit des Gesellschaftslebens überhaupt überzeugt. – Daß übrigens kein Denker, auch Stirner nicht, schlankweg den Sinn geselligen Lebens abstreitet, weiß ich sehr wohl – es ist immer die *größtmögliche Annäherung* an diesen Standpunkt gemeint, die doch schon gewichtigen Unterschied begründet.

Jedenfalls, das Bohèmetum, der Asozialismus ist stets eine radikalere Weltanschauung, als der Anarchismus; er ist oft, und prinzipiell stets, eine viel weniger radikale als der Nihilismus. Zwischen diesen Kreisen von sehr verschiedenem Umfange liegt er in der Mitte – der Bohémien ist mehr als Anarchist, er verneint nicht *bloß* die *beherrschte* Form des sozialen Lebens; er ist weniger als Nihilist, er verneint nicht *jede* Form des Lebens überhaupt; er ist Asozialist, d. h. er verneint *jede* Form des *sozialen* Lebens. Der Bohémien ist also bisweilen *sogar* Nihilist, stets auch Anarchist – d. h. er teilt die negativen Anschauungen des Anarchismus, nicht seine positiven, sozialistischen. Da immerhin in der Welt der Wirklichkeit das Handeln und Fühlen der Menschen nicht entfernt so scharf geschieden ist wie in der Theorie ihre Prinzipien – und da zudem die Anarchisten, als von unserer Gesellschaft ausgestoßen, gleiche Lebenslage und gleiche Feinde vor allem! haben, wie der Bohémien, so berühren sich ihre Lebensformen gewiß oft genug, und intimere Kenner müßten einmal untersuchen, wie weit die heute in Berlin existierenden anarchistischen Verbindungen mit zur Bohème gezählt werden dürften. Als Beispiel aber, wie wenig bei aller äußeren Ähnlichkeit der Schicksale ein rechter Anarchist Bohémien zu sein braucht, möchte ich hier den bekanntesten Agitator der jüngeren deutschen Anarchistengeneration erwähnen: *Gustav Landauer*. Im Leben dieses Mannes, das lange Zeit hindurch der Kampf mit politischer Verfolgung und materieller Not wild und bewegt gestaltete, gibt es gewiß mancherlei, was der oberflächliche Betrachter für Zigeunertum halten möchte. In der Tat ist dieser Sozialanarchist wohl nie ein »Bohémien« gewesen, – ein Mühen um Wandlung der Gesamtheit, ein überpersönliches soziales Interesse war es, was den Inhalt seiner Kämpfe ausmachte; wenn er auch nichts von dem süßlichen Altruismus, dem erniedrigenden Bemitleiden hat, mit dem unsere Demagogen die Massen beschimpfen und gewinnen, wenn er auch die hochmütige Achtung jedes Einzelmenschen, den auf volles Leben gerichteten edlen Stolz des Individuums zur Grundlage seines ethischen Denkens und Handelns macht – sein der Gestaltung des sozialen Lebens zugewendeter Geist ist doch himmelweit verschieden von dem selbstzufriedenen Individualismus des Bohémiens, dem es genügt, die Welt durch sein Ich ästhetisch zu genießen, der sozial und also auch ethisch mindestens interesselos ist. Demgemäß ist auch für Landauers persönliches Leben der Ausstieg aus der heftigen Unruhe der Kampfjahre zu der klaren taktvoll gemessenen Festigkeit seiner heutigen Existenz, etwas ganz anderes wie die so häufige Verbürgerlichung eines ehemaligen Zigeuners: es ist der stark durchgeführte Lebensplan einer Natur, in der von vornherein neben allem revolutionären, freiheitsstolzen Selbstgefühl soziale Instinkte verpflichtend, begrenzend, bindend, festigend tätig waren. – Diese Natur hat ihre Selbsttreue gerade im scheinbaren Wandel überall bewiesen: Als die Harts anno 1900 ihre »Neue Gemeinschaft« ins Leben riefen, ward Gustav Landauer ihr entschiedenster Anhänger – nicht, wie er gleich damals durch einen programmatischen Artikel in Hardens »Zukunft« erklärte, um sehr der problematischen Weltanschauungstheoreme der Brüder willen, sondern weil er in ihrem *praktischen* Programm die Basis für eine höchst fruchtbare, vorbildliche Sozialbildung gefunden zu haben glaubte. Als aber die »Neue Gemeinschaft« statt ernster sozialer Taten nur Feste und Vereinigungen erzielte, auf denen sich selbstgenügsame Ästheten an den stolzen Worten metaphysischer Theorien berauschten – schied Landauer aus der Gemeinschaft aus, deren einziges agitatorisches Talent er gewesen war, und die seitdem langsam dahinsiecht. – Sein Trieb zur sozialen Tat war es auch hier, was ihn bestimmte. – Ich denke, es war nicht unnütz, das Bild des Bohémiens dadurch abzugrenzen, daß hier mit wenigen Strichen das Wesen eines Mannes angedeutet wurde, der (nicht *nur* dem Sinne des Spießbürgers, der ja *all* seine Gegner in einen Topf zu werfen pflegt) dem Zigeunertum nahzustehen schien und doch in Wahrheit durch eine Welt von ihm getrennt ist – durch die Welt sozialer Pflichtgefühle und Pflichthandlungen. Im Unterschied hierzu sei die »egozentrische« *Welt des Bohémiens*, der – »Egoist« in Stirners Sinn – den Mitmenschen *nur* als Genußmittel würdigt und behandelt, noch einmal durch Hartlebensche Verse ausgedrückt:

Durch Stolz und Scheu getrennt
von Freunden und Verwandten
ausreiftest Du getrost
zum fröhlich Selbstverbannten.
Wie Du die Tiere liebst,
so liebst Du Deinesgleichen –
die wahre Toleranz
kannst Du nur so erreichen. –

Das ist die Sprache des wirklichen Bohémiens – des Asozialisten.

11. Die neuromantische Bohème

(Dehmel und Przybyszewski)

Die Abwendung vom demokratischen Sozialismus, die, wie wir sahen, sich zu Anfang der neunziger Jahre vollzog, ließ auch das künstlerische Schaffen in eine neue Phase treten. Über den schnell an seiner inneren Leere hinsiechenden »konsequenten Naturalismus« ging die neue Mode des sogenannten »Symbolismus«, die »Neuromantik« hinweg – und was wichtiger war: einige selbstherrliche starke Künstlernaturen erschienen auf dem Plan, um unbekümmert um soziale Richtungen und ästhetische Moden ihrer Individualität Ausdruck zu verschaffen. Der stärkste von ihnen war in Berlin zweifellos *Richard Dehmel*, vielleicht überhaupt das stärkste Talent, das die Literatur-Revolution vom Ende des 19. Jahrhunderts in Deutschland emporgebracht hat. Dehmel spielte schon seit geraumer Zeit unter den Friedrichshagenern und in den Kreisen der »Freien Bühne« eine Rolle; zu Beginn der neunziger Jahre hatte er sich verheiratet und seine Häuslichkeit in Pankow bildete jetzt den Sammelpunkt der innerlich fortgeschrittensten, freiesten und eigenartigsten Köpfe Berlins. Die Harts tauchten hier wieder auf, der bekannte Mediziner Dr. Schleich und der erstaunlich vielseitige, letzthin als Nationalökonom am bekanntesten gewordene Franz Oppenheimer, ein Schwager Dehmels, – eine rechte Renaissancenatur, dessen stählerne Kraft auf nicht weniger zahlreichen Gebieten des körperlichen Sports als der Geisteswissenschaft geübt ist und der vor allem ein prachtvoller Kämpfer, ein kriegerischer Verfechter seiner Ideen voll unerschütterlicher Zuversicht und froher Selbstgewißheit ist. Da ist auch Dehmels innigster

Freund, *Detlev von Liliencron*, der herrliche Lyriker, der »Poggfred«-Dichter, selbst in schrankenloser Lebenslust und Lebenskraft, in permanenter materieller Misere und ewigem Schaffensglück ein Bohémien vom Scheitel bis zur Sohle, wenn auch ohne jene dunklere dämonische Farbe, die den größten, den romantischen unter den Bohémiens eigen ist. Ein solcher aber, ein echter Sproß vom Stamme E.T.A. Hoffmanns, war auch in diesem Kreise: *Stanislaw Przybyszewski*, der polnisch-deutsche Dichter, der mystisch-extatische Slawe, der allerdifferenzierteste Nervenmensch und tiefsinnigtolle Alkoholiker – und er eigentlich hat die letzte Berliner Bohème großen Stils geschaffen. Denn der Kreis im Dehmelschen Hause, dem doch auch

sehr echt weibliche, fein und still gestimmte Frauen, wie Paula Dehmel, die erste Gattin des Dichters und selbst Schöpferin anmutreicher Kinderlieder, und Hedwig Lachmann, eine der wenigen Dichterinnen unter den vielen Frauen, die heute Verse machen, angehörten, dieser Kreis stand, trotzdem es an lebendigen und wenig gezügelten Temperamentsausbrüchen auch in ihm nicht gefehlt haben soll, im ganzen doch weit jenseits von dem, was man »Bohème« nennen darf; hier war man doch schon in ausgeglichenere gepflegtere Formen übergegangen, und jene anregungsreichen Zusammenkünfte im Dehmelschen Hause, von denen man kaum je anders als im Tone dankbar freudiger Erinnerung sprechen hört, mögen in ihrer freien, nur durch die Selbstbeschränkung verfeinerter Instinkte gebändigten Art eine sehr glückliche Mitte innegehalten haben zwischen dem Wesen eines Bohème-Konvents und dem, was man gemeiniglich »literarischen Salon« benennt. Die Bedeutung, die das Dehmelsche Haus aber doch für die Berliner Bohème hatte, war, daß sein Boden das friedliche Terrain abgab, auf dem sich die beiden großen Gruppen der Berliner Bohémiens, die ältere des Hart-Friedrichshagenschen und die jüngere des Przybyszewski-Pankowschen Kreises, trafen und kennenlernten. Dehmel, der beiden bis zum gewissen Grade angehörte, überbrückte die zeitweilig etwas gespannte Stimmung der Parteien und machte sich ein besonderes Vergnügen, die Fülle all der prächtigen Originale bei sich vereint zu sehen. An einem Tage der Weihnachtswoche hatte Dehmel in seiner kleinen Wohnung – das »wie« wird immer rätselhaft bleiben – beide Heerlager in voller Stärke, an die fünfzig Mann, vereinigt. Es muß eine ewig denkwürdige Versammlung besonderer Menschenkinder gewesen sein, diese große Zigeunerheerschau unter dem Weihnachtsbaum. Nur soviel weiß ich von der seltsamen Feier zu berichten, daß sie von

Peter Hille mit einer todernsten Rede auf die »Bürgermeister der Zukunft« gekrönt wurde, die stürmische Heiterkeit auslöste.

War Dehmel so in seinem Hause eine Art freundlicher Mittler und Wirt für die Zigeunerschaft Berlins, so war er außerhalb seines Hauses und der stilleren dort gepflegten Geselligkeit noch lange Zeit sturmwilder Genosse der letzten großgearteten Bohème Berlins.

Es war eigentlich wieder eine Vorortsbohème: wie Dehmel wohnten die meisten ihrer Mitglieder in Pankow oder dem benachbarten Niederschönhausen – Przybyszewski, Scheerbart, Pastor, zeitweilig auch Strindberg hatten dort ihr Quartier. Aber hier war der Vorort doch nichts Wesentliches, diese Bohémiens suchten nicht die Natur wie die Friedrichshagener, sie lebten in der Großstadt. – In einem Lokal in der Wilhelmstraße, im »*Schwarzen Ferkel*«, hatte sich zunächst ein »skandinavischer Stammtisch« gebildet, ihm gehörten neben dem hochgefeierten *Strindberg*, der Bildhauer *Vigeland*, der finnische Schriftsteller *Adolf Paul*, vorübergehend auch die skandinavischen Poeten *Gunar Heidberg*, *Holger Drachmann*, der Maler *Liljefors* und manche anderen an, die hier in gewaltigen Gelagen gewaltige Alkoholmengen vertilgten. Dann aber kam *Przybyszewskis* Reich und er wurde nicht nur äußerlich das Haupt der Gelage im »Schwarzen Ferkel«, er erfüllte auch innerlich die ganze Schar in geradezu dämonischer Weise mit seinem Geist – vielleicht der legitimste »König der Bohème«, den Berlin seit Grabbes Tagen gesehen hat.

Mit Grabbe und noch mehr mit dessen Vorgänger im Reich E.T.A. Hoffmanns verbinden ihn denn auch gewichtigste Charakterzüge: alle drei sind Anarchisten im tiefsten

Sinne des Wortes, unfähig, Schranken irgendeiner Art zu ertragen – alle drei sind Dichter von gewaltiger Formkraft, aber noch viel ungeheuerlicher zuquellender Kraft der Phantasie, so daß schließlich all ihren Werken ein wirrer, fieberhafter Zug bleibt – alle drei sind auch tiefe Verehrer der unbeschränktesten der Künste, der Musik (Leute, die Przybyszewski Chopin spielen hörten, zählen das zu den stärksten Kunsteindrücken ihres Lebens) – durch aller drei Leben aber schreitet auch mit verhängnisvoller Gewalt der große Dämon *Alkohol*.

Die Bedeutung des Alkohols im Leben der Bohème haben wir noch nicht so beachtet, wie sie es verdient – und doch bildet die bis zur Gefahr der Selbstvernichtung gesteigerte Leidenschaft des Trunkes eine der augenfälligsten Gemeinsamkeiten unter den großen Bohémiens aller Länder und Zeiten. (Von den großen außerdeutschen Opfern des Alkohols seien nur Namen wie Edgar Allan Poe und Paul Verlaine genannt.) Ich glaube, daß außer den mannigfachen äußeren Umständen, die, wie das ständige Wirtshausleben (aus Mangel eines behaglicheren Heims und überhaupt der Lust am »Heim«) den Trunk begünstigen, doch auch sehr innere Zusammenhänge zwischen dem Wesen des Alkoholismus und der Bohème bestehen. Die Bohème, das ist vor allem die Flucht vor dem sozialen Zwange, der Wille, seiner Persönlichkeit nicht Schranken der Pflicht aufzuerlegen, trotz aller etwaigen materiellen Not nicht um Brot zu dienen, sondern *um jeden Preis*, auch um den primitivster Lebensführung, die volle Freiheit des »Ich« zu behaupten – der Trunk aber, das ist die gewaltsame Steigerung des Ich, der Rausch befreit von allen Abhängigkeitsgefühlen (Trunkene zeigen sich fast stets besinnungslos egoistisch) und nicht ohne Grund haben die Dichter den Wein immer als Freiheitsbringer, als Sorgenbrecher gefeiert. So wird der Rausch geradezu die vornehmste Waffe im antisozialen Freiheitskampfe des Bohémiens. In bizarrer, bitterer Art bringt das z. B. das Buch eines Berliner Bohémiens zum Ausdruck, das unlängst erschien und auf das wir noch zurückkommen werden; die »Wüste« von Erich Mühsam: die Wüste ist das Leben an sich und als die »Oasen« werden geschildert: Destille und Caféhaus und Weinstube. Der Alkohol ist dem Bohémien der Befreier des Individuums, bis er sich schließlich zum *Herrn* aufwirft und unbarmherzig und gebietend – zuletzt zerstörend in sein Leben eingreift. Von dem Kreise, den Przybyszewskis wilde Dämonik beherrschte, hat mir jemand, der's wissen kann, versichert, daß nicht einer aus dieser Schar sei, der nicht einen psychophysischen Schaden, eine dauernde Überreizung des Nervensystems aus dem wildphantastischen Trinkerleben jener Tage davongetragen habe.

Und es waren zum großen Teil hervorragende Menschen, Künstler ersten Ranges, die der polnische Zauberer zu behexen wußte. Neben Scheerbart und Hille, die noch eine besondere Betrachtung verdienen, finden wir dort zwei hervorragende Berliner Kunstschriftsteller *Willi Pastor* und *Meier-Graefe*, den raffinierten Ästheten und verstiegenen Theoretiker der Erotik. Etwas später traten der berühmte norwegische Maler *Edvard Munch* und der Bildhauer *Franz Flaum* hinzu, beide durch ihre äußerst reizbare, zu Extasen gestimmte Natur und die fieberhaft visionäre, mystisch berauschte Art ihrer Schöpfungen Przybyszewski nicht minder verwandt wie durch ihre fatalistisch düstere Auffassung vom Todeshaß der Geschlechter als dem Grundverhältnis des Lebens.

Da war aber auch eine so im Grunde andere Natur, wie das große, feine, stille Talent *Johannes Schlafs*. Schlaf, der seinen weit minder bedeutenden Genossen Holz inzwischen verlassen hatte, ist Schöpfer einer neuartig tiefen Psychologie in sehr feinen Dramen und Romanen geworden; seine im Grunde ganz deutsche, bei aller Nervosität gemütvoll versonnene Art hat aber von jener Zeit her krankhaft wirkende Spuren der wilden phantastischen Gereiztheit, der visionären Extasen, wie sie unter den großen Dekadenten des Przybyszewskischen Kreises gewöhnlich waren, behalten. Bei den stürmischen Gelagen der Brüder vom »Schwarzen Ferkel«, bei ihren lauten Reden und Lärmen war ja Schlaf meist stiller, versonnener Zuschauer, aber der stärkere Anteil, den er an der ungeheuerlichen Alkoholkonsumtion seiner Freunde nahm, war doch mehr als sein ohnedies von Not und Entbehrung geschwächter Körper ertragen konnte. – Zur Berliner Zigeunerschaft zählte damals auch *Ludwig Scharf*, heute eine Säule von Münchens Bohème. In seiner im Grunde germanischen, schweren, gefühlvollen Art ist Scharf Johannes Schlaf ebenso verwandt wie in seinem äußeren Lebensschicksal, einem bitteren Kampf um des Lebens Notdurft voll blutiger Niederlagen. Aber Scharf ist eine bei weitem härtere, männlich brutalere Natur – er wehrt sich wild und zornig, wo der weiche Schlaf schweigt und leidet. Scharf hat wutfunkelnde Pfeile des Hasses gegen die Gesellschaft geschleudert, die ihn so getreten hat, er ist ein Bohémien, ein Gesellschaftsfeind ganz großen Stils. Manche seiner Gedichte, wie die »Nachtigall«:

Wenn ich zur Nacht aus dem Wirtshaus hinke,
wo ich Geld und Verstand vertrinke,
wie meine Mutter und werte Magen
mir des öftern belieben zu sagen –

wie die fürchterliche »Liebeserklärung« mit dem höhnischen Kehrreim:

Ich sage nicht, daß ich die Menschen hasse –
im Gegenteil, ich liebe sie!

oder das wildtrotzige:

Ich bin ein Prolet, vom Menschengetier
bin ich von der untersten Klasse –
ich bin ein Prolet, was kann ich dafür,
wenn ich keine Zier eurer Rasse –

– solche Gedichte sind in ihrer düsterpackenden Kraft und der wilden Innerlichkeit ihrer Wut Dokumente allerersten Ranges zur Psychologie des Bohémiens. –

Von allen Mitgliedern des Przybyszewskischen Kreises aber hat keines bei allen Augenzeugen tieferen Eindruck hinterlassen als seine Frau: *Ducha Przybyszewski*, die Gattin des Polen. Eine Norwegerin war sie von Geburt und vor wenigen Jahren hat sie, fern im Süden Rußlands ein sehr tragisches Ende genommen. Über ihrer Berliner Zeit aber ruht für alle, die jene Tage miterlebten, ein seltsam schillernder Glanz. An originellen, selbständigen Weiblichkeiten hatte es ja weder dem Hartschen noch dem Friedrichshagener Kreise gefehlt, aber hier spielte, wohl zum ersten Male seit den Tagen der Marie Dähnhardt, der zeitweiligen Lebensgefährtin Stirners, eine Frau eine *hervorragende* Rolle in der Berliner Bohème. Männer wie Frauen, die sie kannten, sprechen mit gleich großem bewunderndem Staunen von diesem ganz einzigen Nixenwesen, das so unendlich wandlungsfähig, so täglich anders gewesen sei, das einen so unsäglichen Zauber in Sprache und Gebärde, vor allem aber im Tanz besessen habe, und deren reicher, immer bewegter Geist kaum minder erstaunlich gewesen sei – als die unerschöpfliche Findigkeit und Skrupellosigkeit, die sie den nie abreißenden materiellen Nöten ihres Lebens gegenüber zeigte. Sie muß wahrlich die geborene Fürstin dieses Kreises gewesen sein.

Wie es nun in diesem Kreise zuging, darüber liegen – ganz abgesehen von ja noch unschwer zu erlangender mündlicher Kunde – mancherlei gedruckte Dokumente vor. So hat Bierbaum in dem letzten Teil seines »Stilpe« vier Größen der Schar: Przybyszewski selbst, Meier-Graefe, Scheerbart und Hille als den »Casimir«, den »Zungenschnalzer«, den »Bärenführer«, den »Peripatetiker« recht getreu abkonterfeit und das Bild, das er von ihrem

Treiben entwirft, deckt sich so ziemlich mit einer kleinen (erst nach seinem Tode in der ›Welt am Montag‹ gedruckten) Skizze Peter Hilles, die sich »Ein fideler Abend oder Grün-Berlin in der Verschwendung« betitelt und einen Abend im Zigeunerleben jener Tage schildert.

Kern und Ziel der Zusammenkünfte war in allererster Linie doch der mit schier sakraler Hingebung betriebene Alkoholgenuß zwecks Erreichung des seelenlösenden wirklichkeitüberflügelnden Rausches. Zuerst freilich bildet das Trinken nur die Begleitung des Gespräches, das sich in wildsprudelnden Paradoxen hin und her bewegt. Mystik und Katholizismus waren des Polen Lieblingsthemen – Goethe, »der Geheimrat«, sein speziellster Haß, sein Hauptstoff, wenn es die deutschen Freunde zu reizen galt. – Eigene Produktionen werden, indes die Alkohollaune merklich steigt, vorgetragen – Dehmel mit seinem schweren eindrucksvoll pathetischen Organ ist für alle der gesuchteste Vorleser. Man kritisiert, man streitet, – man wirft wieder blendende Paradoxen umher über eigene und fremde Kunstübung. »Differenziert war Prädikat gut, idiotisch aber I a.« – Und plötzlich sitzt Przybyszewski am Klavier und phantasiert über Chopin – daß das Schweigen der Ergriffenheit sich über alle legt. – Oder Willi Pastor sitzt am Klavier – und Ducha Przybyszewski tanzt mit ihrem Mann einen Cancan – von wilder, verwegener, aufreizender Grazie – einen wahren Salometanz. – Und nun beginnt das Trinken immer mehr seine Alleinherrschaft zu üben – die Reden werden zu verstreuten Worten – zu unartikulierten Lauten – – nicht selten erblickte der Morgen die Zechgenossen eingeschlafen auf der Stätte ihrer Taten. – – –

So etwa ging es zu in dem Kreise, den der dämonische Geist des Polen fast widerstandslos beherrschte – fast, denn der einzige, der sich der chaotischen Glut dieser Natur mit der unbeirrbaren Sicherheit eigener leuchtender Klarheit entgegenstellte, war *Richard Dehmel*. – Er allein ist ganz unversehrt aus der Feuertaufe jenes wilden Lebens hervorgegangen, über ihn hat der zauberische Pole nie Gewalt gewonnen – und die meisten der engen Anhängerschaft Przybyszewskis sind daher mit einer leichten Verstimmung von Dehmel geschieden. Auch in Dehmel lagen zigeunerische Instinkte genug, alle Schranken übersteigende Triebe, hysterische, nach Extasen lüsterne Kräfte und in dem wilden Zigeunerleben jener Jahre hat er oft genug die Zügel locker gelassen – aber nie verloren. – In der großen Arbeit seiner »Selbstzucht« hat er dann diese Triebe allgemach niedergerungen, eingeordnet in die Harmonie seiner umfassenderen, auch allen sozialen Gefühlen, allen Pflichtempfindungen weit aufgetanen Natur und steht heute von allen Dichtern der jüngeren Generation vielleicht am gefestetsten, am innerlich geordnetsten, am unzigeunerhaftesten da – bei völlig bewahrter Freiheit und Selbständigkeit. –

Przybyszewski aber, der heute in Warschau lebt, ist der Bohémien geblieben, der er war. Er hat einen Roman geschrieben »Satanskinder« – die Menschen darin voll trotzigen Fatalismus und zügelloser Extasen, voll wilder Zerstörungsfreude und tiefer Menschenverachtung hat er Anarchisten genannt – es sind aber, wie wir oben ausgeführt, als echte Abbilder seines Ich, Antisozialisten, – *Bohémiens*!

12. Paul Scheerbart und Peter Hille

Ehe wir diese letzte Glanzzeit der Berliner Bohème verlassen, müssen wir aber noch eine ganz besondere Betrachtung zwei Gestalten widmen, die seit Mitte der achtziger Jahre etwa in allen Kreisen der Berliner Bohème erscheinen, nirgends dauernd bleiben, verschwinden, wieder auftauchen, wieder verschwinden – innerhalb der relativ konstanten Bildungen der Bohème wieder Wandernde, Zigeuner gleichsam in der zweiten Potenz!

Der erste ist *Paul Scheerbart*, der Dichter großartiger kosmischer Phantasien, grotesker Träumereien, krausester Humore. Ein prachtvoller Mensch voll Leben und Absonderlichkeit, voll Tollheit und Naivität – dazu ein gar gewaltiger Trinker vor dem Herrn, der's wohl mit jedem Zecher, sei er von der sanguinisch-ironischen Art Hartlebens oder von der cholerisch-tragischen Przybyszewskis aufnimmt – ein Trinker von gleichmäßig genießender Heiterkeit und schier unverwüstlicher Ausdauer. Man trifft Scheerbart heut selten an, ohne das ein leichter Flor des Berauschtseins über ihm und seinen Reden läge – aber dies leichte Schwanken der Worte, diese schnell wechselnde Richtung der Rede, das gehört dazu, das gibt dem unerschöpflich quellenden Reichtum seines Gesprächs ein rechtes Aroma. Im Dunstkreis eines leichten Berauschtseins gewinnen sie erst rechtes Leben und Farbe – diese schillernden Phantasien von grotesker Unmöglichkeit im ganzen und brüsker Realität im Detail, diese glänzenden Paradoxen der Weltweisheit, diese halblaut von Ironie übergossenen wehmütigen Menschlichkeiten, die dieser reiche Geist in nicht endender Fülle ans Licht bringt. Er spricht legère, hinwerfend, – dann wieder mit plötzlichem Pathos und starken Gesten. – und »wiesentschieden« klingt es hinter jedem halben Satz – wohl viele hundertmal die Stunde. Die Kundigen wissen, daß diese heut fast physiologisch mit Scheerbarts Sprachorgan verwachsene Formel ursprünglich: – »wie gesagt, entschieden!« – bedeutete. Und in dieser seltsamen Sprache tauchen nun die einzig Scheerbartschen Barockeinfälle ans Licht: da soll ein Automobilcabaret gegründet werden, das alle Sonnabend auf der Chaussee zwischen Berlin und Magdeburg mit einer Schnelligkeit von 30 Kilometern die Stunde tagen soll. Und schon läßt sich Scheerbart vom Kellner das Adreßbuch reichen, um mit unerschütterlichem Ernst die Adressen bekannter Größen des Automobilsports zu notieren, die zur Beteiligung aufgefordert werden sollen. – – Ein andermal wird eine Zeitschrift, eine antimilitaristische, die das »Vaterland« heißen soll, gegründet; dies Blatt soll die kleine Spezialeigenschaft haben, prinzipiell nie eine wahre Nachricht zu bringen – so in löblicher Konsequenz sich von der lax gehandhabten Lügenmethode der übrigen Presse abhebend. Das Unternehmen wird tatsächlich mit ernster Geschäftlichkeit entriert – zufällig scheitert es daran, daß der schon gewonnene Verleger des Antimilitaristenblattes Gelegenheit findet, »Das Casino« und »Die Cantine«, Militärannoncenblätter, günstig zu erwerben! –

– – – – – – – – – – – – – – – – –

In der gleichen Luft aber, wie diese kleinen phantastischen Tollheiten – die übrigens für Scheerbart genau so viel und so wenig, wie *alles*, was er tut, *ernst* sind – in der gleichen Luft ist jedes Geschöpf seiner weiten Welt gewachsen. Was er früher in orientalischen Geschichten zu geben versuchte, in denen ein wildübersteigerter Tausend-und-eine-Nacht-Stil mit hahnebüchen berlinischem Realismus ein Schaukelspiel von schwindelerregenden Anachronismen vollführte, – das Bild unirdischer Daseinsfreude, höchstvergeistigter, übersinnlicher Genußsucht, das gestaltet Scheerbart jetzt im »Glanzrausch« seiner kosmischen Phantasien in größerer Reinheit. Diesem Menschen sind die ungeheuren Raumgrößen der Astronomen, die uns anderen Zeitgenossen kalte, unvorstellbare Zahlen bleiben, ein völlig angeschauter, leidenschaftlich ergriffener, innerer Besitz; er *lebt* in dieser ungeheuren Welt der tausend Sonnen, der billionenfachen Siriusweiten, ihm ist der millionen Welten durchkreuzende Kometenflug ein mitfühlbares Geschehen – und so kann er leicht und gleichgültig froh die kleinen Winzigkeiten dieses zwerghaften Nebensterns anschauen, genießen, wegwerfen – was ist es denn im Angesicht seiner tausend Sonnen, wenn sich Völker austilgen, wenn Berge beben, wenn sich Menschen lieben – wie lächerlich! »lieben!« – Was ist dem Geist, der zahllose Sonnensysteme in sich aufnehmen kann, denn solch Einzelgeschöpf der eigenen Gattung – Scheerbart ist ein tiefer Verächter der Erotik! Als man ihm von dem »Zwei Menschen«-Buch seines Freundes Dehmel sprach, rief er voll tiefernster Entrüstung: »Was – da hab ich nu bewiesen, daß die Liebe Quatsch ist – und jetzt kommt dieser Mensch und schreibt ein ganzes Buch voll Liebe, Liebe, Liebe!! Lächerlich! Wiesentschieden – ganz lächerlich!!« – und das war ganz ehrlich gesagt, so ehrlich, wie er vielleicht wenige Stunden darauf die künstlerische Größe jenes Werkes preisen konnte. – –

Es gibt einen Roman von Scheerbart, »Tarub, Bagdads berühmte Köchin« – er ist im Stil ein typisches Bohémienwerk; wie in Hoffmanns, Grabbes, Przybyszewskis Schriften ein unstet flackernder Stil – ein Stil, der eigentlich der Nichtstil ist, weil vor Verliebtheit, Genießerentzücken bei den tausenderlei Details nichts zur Gesamtwirkung ausgeschieden, stilisiert wurde. (Denn Stilisieren ist eine zu drei Vierteln negierende Tätigkeit.) Daher denn auch in der Tarub unendliche Breiten, Gleichgültigkeiten, Fadessen, Wiederholungen – aber zwischendurch geniale Würfe von größter poetischer Kraft und im *ganzen* eine gewaltig hinstürmende Linie, eine mächtige Komposition. Dieser Roman nun erlangt für das Studium der Bohème einen dokumentarischen Wert durch die Gestalt des Dichters Safur, dessen Untergang geschildert wird, und der ebensoviel Züge vom Dichter selbst erhalten hat, als die Tarub von Scheerbarts merkwürdiger Lebensgefährtin, seiner großen, groben, grundguten, sehr undifferenzierten und sehr lebenstüchtigen Frau – die bei Scheerbart und all seinen Freunden nie anders als »Der Bär« heißt. Aus Safurs Munde aber kommen Konfessionen, die große Tiefen erschließen in der Psyche des Künstler-Zigeuners, des Genießers von Beruf, der so intensiv um die Pflege und Steigerung der Rezeptionskraft seines Ichs bemüht ist, daß er nicht zur Produktion kommt – Produktion, die ja schon immer einen ultraegoistischen, sozialen Zug hat, die das schrankenlose Genießen des Ich mit begrenzenden Formen bedroht. – »In jedem Augenblick«, sagt Safur, »müßte man

anders erregt und bewegt werden, und zwar bewußt. – –
Da ich soviel Neues in jedem Augenblick genießen will, bin ich auch immer wieder ein anderer« – – und weiter: »Wir kennen nur Augenblicksgenüsse – man muß sich an den Augenblicken festklammern, als wären sie alles, was wir jemals erreichen könnten.« Und weiterhin heißt es von Safur: »Er redete von einem großen Gedicht. – – – Aber es wurde nichts daraus – wie gewöhnlich. Safur dachte immer erst ans Genießen. Eine anstrengende Tätigkeit hatte nur dann für ihn einen Reiz, wenn er genau wußte, daß aus dieser anstrengenden Tätigkeit ein großer, kräftiger Genuß herauswachsen würde. – Wußte er das nicht vorher, so ging er der Anstrengung aus dem Wege – denn für ihn gabs nur ein einziges Endziel des Lebens, und das Endziel hieß: Genuß.« – Und später sagt er von diesem Dichter,

den die Sehnsucht nach höchstem, übermöglichem Genuß (im Traumbild der Wüstengöttin, der Dschinne, symbolisiert) allgemach zu aller Wirklichkeit unfähig macht: »Sieh, ich weiß, die Dschinne ist für mich unerreichbar – aber ich kann das Plumpe, Rohe, das Körperliche nicht mehr ausstehen. Ich muß nach einem Geistigen streben, das nicht von dieser Welt ist. Ich will überall jetzt das Unerreichbare haben – in jene Welt – in die andere will ich hinein.« – – Und so ruft er schließlich: »Du bist vollkommen im Irrtum, wenn Du glaubst, daß diejenigen Menschen, die immer was tun müssen, um sich die Zeit zu vertreiben, die Entwicklung der Menschheit fördern. Arbeiten kann schließlich jeder – das ist nichts besonderes.« –

Mit der Verhöhnung der *Arbeit*, der sozialen Lebensäußerung par excellence schließt so ganz logisch die sehr folgerechte Kette dieser Bohémiengeständnisse ab, die uns aus einem: *aus dem Selbstzweck gewordenen Genuß* alles: die große Reizsamkeit, den jähen Stimmungswechsel, die maßlose Augenblicksergreifung und schließlich die *Unproduktivität* des Bohémiens erklären. – Denn wie Safur muß jede Existenz in Unproduktivität und Selbstauflösung enden, die so rein den Typus »Bohémien« vertritt. – Wenn hundertfach geniale Bohémiens etwas und auch Großes geschaffen haben, so will ich es nur dadurch erklären, daß die Natur eben selten oder nie solche »reine« Typen hinstellt. – Eine Inkonsequenz der Bohèmenatur ist aber in Wahrheit jeder rechte Schaffensakt – und deshalb ist Scheerbarts Safur doch der Urtypus des Bohémiens. –

* *

*

Der zweite, dem wir hier eine besondere Betrachtung widmen müssen, ist *Peter Hille. War* – seit wenigen Monaten ist er nicht mehr unter uns Lebenden. Aber wie viele haben ihn noch gesehen, wie viele haben sein einzigartiges Bild tief im Gedächtnis! Den langen wallenden Prophetenbart, über dem die großen, immer nach innen gerichteten blauen Augen leuchteten – und der lange schwarze arg zerschlissene Mantel, aus dessen Überhang zwei Hände hervorschimmerten – fein, schlank und zart wie Fürstenhände. So war Peter Hille anzusehen, wohl der heimatloseste Mensch in Berlin – wo er nach jahrzehntelangem Umherschweifen in der weiten Welt einigermaßen dauernd anzutreffen war – und doch vielleicht der friedvollste, beruhigteste – denn er war immer zu Haus, im Hause seiner immer tätigen Phantasie, seiner träumenden Seele, die über alle unablässige Not und Pein des körperlichen Seins unablässig gleichgemessene Fäden eines Netzes von tiefseeligem Weltschauen, heiterem Lebensgenuß spann. Peter Hille – obschon wenn es die Stunde gab, auch ein begeistert gewaltiger Zecher – brauchte nicht den ständigen Rausch des Alkohols, um ihn breitete der Schleier wirklichkeitsentrückter Versunkenheit die nie ermüdende, immerfort tätige Produktionskraft seines Geistes. Peter Hille schrieb Aphorismen, Essays, dichtete Gesänge, Szenen, Novellen – wo er ging, saß und stand, und auf jedes Stück Papier, bedruckt und unbedruckt, das ihm in die Hände fiel. Ungeheure, nie zu durchforschende Ballen von Manuskripten hat Peter Hille angehäuft – und wie solche Blätter ausschauten, das hat mit nur leichter Übertreibung Bierbaum in seinem »Stilpe« geschildert:

»Ein Konzeptbogen in Quartformat, der außer den ersten Szenen zu einem Drama zwei Kapitel aus verschiedenen Romanen, sechs Gedichte in Prosa, drei in Versen und außerdem etwa fünf Dutzend Aphorismen und verschiedene Essay-Brouillons enthielt, alles durcheinander geschrieben, erst waagerecht, dann in senkrechten, dann in diagonalen Zeilen dazu.«

Daß diese sich schrankenlos entladende Produktion den Unstil des Bohémiens in allerstärkstem Grade trug, daß sie tausendfach Ungeformtes, Wirres, Ungesiebtes brachte, versteht sich von selbst. Diesem Dichter, der den Genießeregoismus des Bohémiens ganz, ganz naiv, und deshalb mit großer Güte gepaart, aber auch besonders grenzenlos besaß, fehlte jeder Trieb zum Wählen, Feilen, Runden – all jenes Ausarbeiten der Form, das ja zuletzt ein Denken an andere, an Wirkung, Publikums-Erfolg im tieferen Sinne, ist. Um so rührender war die kindliche Eitelkeit, mit der dieser publikumsfremdeste aller Autoren sich um sein Berühmtsein sorgte. »Einmal« – so erzählt ein Freund – »fragte er mich ganz naiv: ›Glaubst Du nicht auch, daß ich nun bald berühmt werde?‹ Ich antwortete: ›Aber, Peter Hille, Du bist doch schon berühmt!‹ – Das wollte er kaum glauben. Immer wieder fragte er: ›Wirklich? Glaubst Du das wirklich?‹ und konnte sich vor Freude darüber kaum lassen!«

In Wahrheit ist der gute Peter selbst heute, wo er tot ist, noch nicht so recht »berühmt«, und doch verdiente es seine Kunst wohl, daß man ihn kennte, nicht nur den Menschen von absonderlichem Aussehen und absonderlichem Gebaren, den alle Lebensnot überlächelnden Weisen – sondern auch den Künstler, der neben gewaltigen Haufen von

Gleichgültigem und Wirrem doch auch ganz Wundervolles geschaffen hat, in einzelnen lyrischen Gedichten, in einzelnen Szenen seiner Dramen, in einigen Novellen und Skizzen. Und besonders fein war Peter Hilles Kunst im Psychologischen stets dort, wo er voll hellhörigen Mitgefühls die Seele des Kindes belauschte – denn da sprach er vom eigensten Innern. – – –

Wir haben nun schon vielerlei Typen des Bohémiens an uns vorüber ziehen lassen – Peter Hille ist anders als alle. Er hat nichts von der dämonisch tyrannischen Anarchistenart des Grabbe und Przybyszewski, nichts von dem starken sorglos sicheren Ausleben eines Liliencron, er ist kein umsichtig geschäftiger Pfleger und Anreger wie die Harts, kein skeptisch zurückhaltender Genießer und Zuschauer wie die Heine, Stirner, Berg oder Hartleben, ein jeder in seinem Kreise es waren – Peter Hille ist ein Kind; mit der ganzen lebensfremden Unbekümmertheit, der schattenlosen Zuversicht eines Kindes ging er durch die Welt, um nur auf sein Inneres lauschend die Gesichter und Zeichen, Bilder und Gedanken wahl- und ziellos heraufzuholen, die der Genius in ihm erzeugte. So machte ihm die Vernachlässigung alles Äußeren, die Beziehungslosigkeit zu allem sozialen Leben und die Not, der Kampf, den beides im Gefolge hat, zum Bohémien. Der Schriftsteller Lublinski hat aber einmal ganz richtig gesagt, daß in der fanatischen, rücksichtslosen Selbstversenkung Hilles etwas von der Art eines Büßers, eines Asketen stecke. So führt uns dieser seltsamste der Berliner Zigeuner wiederum die schon einmal ausgesprochene Tatsache vor Augen, wie nahe der echte Bohémien und der echte Einsiedler einander stehen, denn Hille war beides.

13. Das letzte Lustrum der Berliner Bohème

(Neue Gemeinschaft – Die Kommenden – Überbrettl)

Mit der Auflösung des Przybyszewskischen Kreises verlor Berlin seine letzte Bohème großen Stils. Was fernerhin zur Wiedererweckung einer großzügigen Bohème geschah, scheiterte – und mußte aus Mangel an brauchbarem Menschenmaterial scheitern.

Der 1900 von den Harts begründeten »Neuen Gemeinschaft« habe ich schon Erwähnung getan; in einem andern als unserm Zusammenhange ist sie gewiß viel eingehenderer Betrachtung wert; hier genüge es festzustellen, daß dieser höchst idealistische Plan zur Begründung einer neuen Religionsgemeinschaft vor allem eben daran scheiterte, daß man aus dem Widerstreit zwischen einer ernsthaft arbeitenden Sozialbildung und einer bloßen Sammlung schöngeistiger Bohémiens nicht herauskam. Daß aber aus dieser starken Anregung nicht einmal eine einigermaßen bleibende, bedeutsame Bohème erwuchs, das zeigte deutlich, wie viel geringer Lebensreichtum, Kraftüberschuß, Jugendlust in der neuen Generation waren, als in der 15-25 Jahre älteren.

Dies ist denn auch wohl der Grund, daß es der Klub der *»Kommenden«,* der einige Jahre hindurch als eine Art Sammelpunkt der literarischen Bohème im »Rollendorf-Kasino«, erst von Ludwig Jacobowski und nach dessen Tode von Rudolf Steiner präsidiert, tagte, zu keiner wirklichen Blüte gebracht hat. Wohl fehlte es ihm nicht ganz an originellen und wertvollen Persönlichkeiten; so tauchten hier z. B. unter den Frauen neben der peinlichen Berühmtheit »Dolorosa«, dieser masochistischen Reklamegröße, einige starke, wahrhaft interessante Naturen auf: so die treue

Freundin Peter Hilles, Else Lasker-Schüler mit ihrer wilden, oft bizarren und seltsam gereckten, immer aber ernsten und innerlichen Pathetik; – so vor allem aber *Magarete Beutler* mit ihrer ganz ungewöhnlichen, zukunftsreichen dichterischen Begabung und einem aus wilder Lebenslust und weiblichem Zartsinn, ernster zielklarer Kraft und planloser heiterer Kindlichkeit so wundersam gemischten Temperament, daß man sie wohl als die blutechteste Zigeunerin ansprechen darf, die Berlin nach Ducha Przybyszewski gesehen hat. Der Ruck, mit dem sich diese Frau von den Banden der Familie, der Konvention zur freien Entfaltung ihres Ich losriß, gab ihrer Natur den Anstoß, der sie nun nicht mehr zur Ruhe kommen ließ. »Ich lebe wie in einem Wandelpanorama«, sagte sie einmal, »alle halbe Jahr muß ich andere Menschen in einer anderen Umgebung sehn.« Den rastlosen Wandertrieb ihres Blutes, ihr immer wieder allen Fesseln und Pflichten entgleitendes Zigeunertum hat sie zum Ausdruck gebracht in den Leitversen ihres Gedichtbuches:

Ich möchte Sonnen sehen
und mehr von Sternen wissen
ich möchte gehen – gehen
und nimmer kehren müssen.

Aber wenn sie ihrer Sehnsucht zujubelt »Genüge werde mir nie!« – so taucht doch auch die dunkle Gegenstimmung auf, und sie bringt den echten Schmerz des Zigeuners, die ihn immer wieder jäh überfliegende Ruhessehnsucht, ergreifend zum Ausdruck:

Ist es Verdammnis,
daß ich so ruhelos bin? Ist's tiefstes Fühlen

des Lebenspulses, der so ungleich schlägt?
– –
Und doch es muß so schön sein auszuruhen!
Ich hab' ein Heimweh! – – –

Solch starke Natur wußte wohl für kurze Zeit eine kleine Zahl einigermaßen Blutsverwandter um sich zu scharen. Aber ein bedeutsamer, ins Weite wirkender Kreis von einiger Dauer entstand nicht. – Die »Kommenden« blieben ein Literaturzirkel, wenn auch vielleicht einer mit hie und da etwas freien Manieren. Man las seine Produkte vor, man hielt Vorträge über fremde Produkte, man kritisierte und diskutierte, man nahm sich und die guten Freunde ungeheuer ernst und diente in tausenderlei Formen der lieben Eitelkeit. Und dabei waren die Dilettanten und ganz kleinen Talentchen, von den schlimmeren, den Geschäfts- und Reklameliteraten zu schweigen, doch meistens in der Majorität. Eine großstilige Lebensgemeinschaft irgend welcher Art konnte aus solchem Kreise nicht wohl entstehen. Die »Kommenden« leben – wenn sie noch nicht gestorben sind? – heute noch ein unbemerktes und bedeutungsloses Dasein.

Endlich ist ja, wie bekannt, die stärkste Bewegung, die die Berliner Bohème im letzten Jahrzehnt ergriff, der große »*Überbrettl*«-Rummel, im Sande verlaufen. Daß die Verpflanzung des »Kabaretts«, dieses charakteristischen Produkts der Pariser Bohémiens, auf norddeutschem Boden nicht glücken würde, hat jeder Kundige vorausgesehen; daß alles, was dort freche Grazie, tragischer Zynismus, sprunghafte Phantastik war, sich hier in spießbürgerliche Sentimentalität oder plattgrobe Gemeinheit verkehren mußte, das lag in der Natur der Sache, denn dem schwer gründlichen Norddeutschen fehlte eben jener schwirrende Ton, jene sprunghaft schillernde Farbe *zwischen* den Dingen, die Wesen und Reiz des »Kabaretts« ausmacht.[7]

Daß aber bei der Überbrettl-Unternehmung sich nicht wenigstens ein neuer bedeutsamer Kreis von Bohémiens bildete, das lag wohl vor allem an dem Charakter ihres Hauptführers: *Ernst von Wolzogen.* – Wolzogen, der so ziemlich in allen neueren Zigeunerlagern Deutschlands mitgetan hat, ist in einem Sinne gewiß ein Bohémien, aber wie als Schriftsteller, so ist er auch als Bohémien von einiger Oberflächlichkeit. Mehr die äußeren Seiten und die passiven Kräfte seiner Existenz: die leichtlässige, launige Lebensführung ist es, die ihn zum Bohémien stempelt, als eine tief innerliche aktive Kraft, die ihn zum Feind und Verächter gesellschaftlicher Konvention, zum anarchistischen Außenseiter machte. Der elegante, liebenswürdig geschmeidige Freiherr steht hart an der Grenze, wo der Bohémien aufhört und der »Lebemann« anfängt. Der *Lebemann* – der wie eine Karikatur des großen Bohémien mancherlei von dessem negativen Wesen, dessen Pflicht- und Gewissenlosigkeit für sich in Anspruch nimmt, ohne die äußere Not, das innere Leiden, mit denen jener zahlt, auf sich zu nehmen. Der »Lebemann« (in niederer Gesellschaftssphäre Bummler genannt!) ist ohne zureichenden Grund, ist aus Bequemlichkeit, was der Bohémien aus tief-

---

7 Den *Süd*deutschen ist dergleichen eher möglich. Das beweist z. B. der »Simplizissimus«, dessen erste Jahrgänge voll schaurigen Ernstes und grellen Gelächters den Montmartreton besser trafen als je eine Kopie des Kabaretts in Deutschland. Und wie jammervoll waren die Berliner Simplizissimus-Nachahmungen, – etwa das klägliche »Narrenschiff«, das unsere Bohémiens roh zusammenstümperten!

ster innerster Nötigung ist – er ist eine Possenfigur, wie der Bohémien, das heißt der rechte, stets eine *tragische* ist. Solcher im Grunde tragisch großen Natur bedurfte es aber, wenn ernste schaffende Geister sich zum Leben und Wirken zusammenfanden, wenn eine neue Kampfatmosphäre, eine neue Bohème entstehen sollte. Da Wolzogen ist, wer er ist; eine liebenswürdige, leicht und gefällig wirkende, im Grunde sehr harmlose Natur, so ist von der ganzen Unternehmung heute nichts übrig als eine Reihe kleiner und kleinster Überbrettlein und Kabarettlein, in denen sich allerdings allerhand schwankende Musiker-, Maler- und Dichtergestalten von genügsam zigeunerhaftem Gebaren zusammenfinden. Aber nirgends, weder in der »Grünen Minna« noch in der »Silbernen Punschterrine«, noch im »Siebenten Himmel«, noch sonst irgendwo ist heute etwas vom *Streben ernster, nach Selbstbefreiung und Selbstvollendung ringender Geister* zu merken, wie es doch der romantischen und vormärzlichen Bohème so gut, wie der sozialistisch-naturalistischen der 80er und der neuromantisch-individualistischen der 90er Jahre Sinn und Bedeutung, Wert und Berechtigung gab. So meine ich denn, daß es von der gegenwärtigen Zeit einmal so heißen wird, wie es bei uns von den 50er und 60er Jahren hieß: *es gab keine Bohème!*

14. Gegenwart

Im weiteren Sinne des Wortes ist das nun freilich nicht wahr. Daß die Bohème ihrem äußeren Wesen nach in Berlin nie ganz ausstirbt, dafür sorgt ja die soziale Zusammensetzung dieser Weltstadt ständig. Die *Studentenschaft* stellt nach wie vor ihr Kontingent zur Bohème, und zwar bietet, wie schon gesagt, den geistig wertvolleren Teil heute nicht das schöngeistige, sondern das sozialrevolutionäre Element. – Auch unter den *Malern*, Meistern wie Kunstschülern, werden wohl zigeunerhafte Existenzen und Zusammenschlüsse nie ganz fehlen. Stand doch einer dieser Bildner, der so früh und gewaltsam aus seiner Bahn gerissene *Stauffer-Bern* zur Zeit seines Berliner Aufenthaltes im Ruf, ein Bohémien allerersten Ranges zu sein. Sicherlich war und ist er nicht der einzige dieser Art, und sicherlich hat die sezessionistische Strömung auch in geselliger Beziehung der Künstlerwelt viel starkes, frisches Blut zugeführt. Wie gegenwärtig die deutsche Malerei der deutschen Literatur um ein großes, großes Stück voraus ist, so dürfen wir vielleicht auch für die Zukunft der Berliner Bohème von den bildenden Künstlern mehr erwarten als von den schreibenden.

Was die *Schauspielerwelt* angeht, so hat sie gewiß noch heut wie stets ihren starken Anteil am Zigeunerleben. Aber die Zeit, wo der Komödiant der Außergesellschaftliche, der Zigeuner par excellence war, ist doch längst vorüber. Unsere Schauspieler sind so umsichtige Gesellschaftsmenschen geworden. Sammeln sich einmal Mimen zu einer Unternehmung von echt zigeunerhaftem Übermut, wie es die köstlichen ersten »Schall und Rauch«-Abende waren, so wird alsbald ein wohlorganisierter, weitgehender Theaterbetrieb daraus – oder man stellt, wie die »Bösen Buben« das bißchen Keckheit und Witz in den rentablen Dienst der Berliner Haute volée, die sich gegen sehr erkleckliches Entree diese auf Draht gezogenen Zigeunertollheiten ansehen darf. Unsere Schauspieler – Ausnahmen natürlich zugegeben – sind sehr geschäftstüchtige Bürger geworden. In jüngster Zeit haben sie sich ja sogar im »Bühnenklub« unter den Linden ein höchst behäbiges, höchst sittsames Heim geschaffen, wo man mehr friedliche Skat- oder Whistspiele als wilde Zigeunerszenen erblicken kann. Sehr außerhalb dieser und aller ähnlichen kollegialen Organisationen bleibt freilich der größte der derzeitigen Menschendarsteller Berlins:

Adalbert Matkowsky – auch in seiner Lebensführung der echte Erbe Ludwig Devrients. Auch von ihm hängt in der Ruhmeshalle der Weinstube von Lutter und Wegner ein Konterfei – zu besonderem Ruhm aber verhalf er eine Zeit lang der »Hütte« in der Taubenstraße. Denn auch von seinen Trinker- und Nachtschwärmertaten gibt es Anekdoten wie Sand am Meer. Wie er zu Beginn der abendlichen Wirtshauskampagne gleich in Frack und weißer Binde erschien, weil er – am nächsten Mittag bei seiner Exzellenz dem Intendanten einen Besuch zu machen hatte; wie er, eines schönen Nachmittags, die Widerstandsfähigkeit der anderen naiv an seiner eigenen Riesennatur messend, harmlos bei einem kleinen Willkommensschluck den neu eingetroffenen Kollegen unter den Tisch trank und so eine ganze Abendaufführung gefährdete u. s. w. u. s. w. – Sein Bohèmetum ist über allen Zweifel erhaben, aber es ist doch völlig anderer Art als das Devrients – es fehlt das Gift geistreicher Polemik, die höhnische Angriffslust, die jenen großen Künstler wider die Gesellschaft beseelte – Matkowsky geht auch in unbekümmertem Eigenwillen *seinen* Weg quer durch die Netze der Konvention, aber er geht ihn mit der sicheren Selbstverständlichkeit eines weltfremden jungen Riesen – er sieht sie gar nicht. So paradox es klingt, den kraftstrotzenden Mann, den gestaltungsgewaltigen Mimen, mit dem schwachen, feinen, still versunkenen Poeten zu vergleichen –: von allen Typen des Bohémiens steht Matkowsky keinem so nah als dem Peter Hilles – auch er ein großes argloses Kind, das, ganz und in jedem Augenblick vom Geist seiner Kunst umfriedet und beseeligt, durch die Welt geht ohne rechts und links zu schauen. Nicht Feind der Gesellschaft, aber mehr als das: ihr ganz fremd, ganz ihrer Welt entrückt. – So tief und stark das persönliche Bohèmetum gerade solcher Naturen ist, – sie sind wenig dazu angetan, einen bedeutsamen Kreis zu sammeln – ihnen fehlt der Wille dazu, der lockende Schlachtruf »in philistros!« liegt ihnen fern; – sie leben wohl für sich, aber nicht *gegen* die Bürger und gerade die gemeinsame Gegnerschaft ist es, die eint.

So kann Matkowsky für das Leben der heutigen Berliner Bohème nicht dasselbe bedeuten, wie Devrient für seine Zeit. Zudem – es fehlt der große Partner! Der E.T.A. Hoffmann des heutigen Berlin soll noch gefunden werden.

Denn unter den Literaten, die doch bislang in Berlin die Kerntruppe jeder guten Bohème bildeten, schaut es jetzt sehr trostlos aus. Die alten Größen sind entweder nicht mehr am Ort, wie Hartleben, wie Przybyszewski, oder sie haben in ruhigere, bürgerliche Existenzformen eingelenkt wie die Harts, wie Boelsche und Wille. Einige von der alten Garde haben zwar ihr Zigeunertum bewahrt; aber Leo Berg – Paul Scheerbart sind heute Einzelne, Bohémiens ohne Bohème. Wo sich etwa um einen der echten Alten ein Haufen bildet (wie es bis vor kurzem mit Peter Hille der Fall war, um den sich allwöchentlich im Dalbellischen Restaurant eine Schar poetisierender Männlein und Weiblein versammelte), da tragen diese Jungen eher dazu bei, den älteren echten Bohémien zu verfälschen als daß *sein* Geist sie beherrschte. Denn es ist im ganzen ein gar klägliches Volk, das jetzt in Berlin »Literatur-Bohème« mimt, kindische Imitatoren ernster Vorbilder, Leute, die dem Verlaine und Przybyszewski in nichts gleichen als etwa in auffälliger Kleidung, in fahrigen Gebärden und im Absinthtrinken. – Wenn aber überall auf der Welt Echtheit und innere Notwendigkeit die ersten Voraussetzungen von Größe und Bedeutung sind, so trifft dies doppelt zu für die Bohème. Überall wo starke und besondere Naturen durch besondere soziale und kulturelle Situationen zum Abfall von der Gesellschaft und ihren konventionellen Formen gedrängt werden, wo dieser Abfall vielleicht die Bedingung, der Preis für die Entwicklung großer eigenartiger Talente ist, da ist die Bohème eine notwendige und berechtigte und wertvolle Erscheinung. Aber gibt es wohl etwas kläglicheres als junge Leute, die von Natur aus in nichts gehindert wären, Schneider, Schuster oder sonst nützliche Steuerzahler zu sein, und die nur aus Eitelkeit, Bequemlichkeit den Bohémien spielen, die Miene des Gesellschaftsfeindes, des Formenverächters nachäffen? Muß man erst sagen, daß solchen Jammergestalten gegenüber jeder brave Handwerker nicht nur die nützlichere, sondern auch die vornehmere, ästhetischere, weil innerlich wahrere Menschengattung vertritt? – Von solchen korrumpierenden Mitläufern ist ja keine Bohème ganz frei gewesen, auch die wertvollsten, die wir bis jetzt betrachtet, nicht; gegenwärtig sind diese schalen Poseure aber, wenn nicht rein unter sich, so doch in beherrschender Mehrheit, und das macht die Sammelstätten der heutigen »Bohème«, die sogenannten »Kabaretts« und das große Generalquartier der heutigen Zigeunerei das »Café des Westens« zu Aufenthaltsorten von mitunter sehr zweifelhafter Annehmlichkeit. Von irgend welchem Schaffen, irgendwie ernst gerichtetem Streben ist unter diesen pumpenden und sumpfenden Leutchen hervorragend wenig zu spüren, desto mehr von Sensationslust, von Effekthascherei und einem hinsichtlich seiner Stützpunkte recht unergründlichen Überschwang des Selbstbewußtseins – »Café Größenwahn« hat der Volksmund die obengenannte Lokalität getauft. Indessen gebietet es die Gerechtigkeit, nicht unerwähnt zu lassen, daß auch aus diesem Hexenkessel seichter Verlogenheit ein paar Zigeunermenschen echter Art und besonderer Prägung auftauchen. Da ist *Ernst Roscius von Rhyn*, »das Roß«, wie ihn in unzarter Bequemlichkeit die guten Bekannten zu nennen pflegen. Dieser Herr – einer der zuverlässigst anzutreffenden Nachtgäste aller »Literatencafés« ist von Beruf Architekt, und wenn du seinen Versicherungen glauben willst, ist die schwarze Ledertasche, die er zumeist mit sich führt, ganz überfüllt von Entwürfen größter und schwierigster Art. Roscius von Rhyn ist ein berüchtigter Witzbold unter seinen Leuten – aber sein Ulk ist von der Art hinter der ein besonderer Kerl, ein gut Stück Weltauffassung oder mindestens Welt-anfassung liegt. Ein resolutes trotzig frohes Anfassen des Lebens, eine rechte Zigeunerpraxis, die ihn auch in vielberühmte Konflikte mit der hohen Straßenobrigkeit zu stürzen pflegt. Roscius selber erzählt nicht ungern von seinen Differenzen mit einer löblichen Polizei, die bald nicht leiden wollte, daß er – wegen der guten Luft! – *auf*, statt unter dem Dach einer Droschke spazieren fuhr; bald etwas wider die Art hatte, in der er sein Atelier mit Heizmaterial versorgte, nämlich unter nachdrücklicher Heranziehung des reichen durch die vielen Warnungs- und Verbotetafeln auf dem Tempelhoferfeld dargebotenen Materials! Von solchen Meinungsdifferenzen zwischen dem Architekten und der Berliner Polizei weiß man noch vieles zu berichten. – Immerhin, es steckt ein Stil darin und ein Mensch dahinter! – Den Stil einer Persönlichkeit zeigt auch der *Freiherr von Schennis*, der Maler, den man allnächtlich am Stammtisch im Café des Westens trifft – nie ohne mehr oder minder starke Spuren reichlich genossener Spirituosen. Aber auch in diesem Zustand bleibt der Mann mit den wundervollen sorgsam gepflegten Händen und dem feinen geistreichen Profil Aristokrat voll überlegener Sicherheit im Benehmen; die Worte, die er hinstreut, sind nicht weniger aphoristisch schlagend und packend, wenn sie in schon schwankendem Gang hervorkommen, und wenn die einzelnen Reden etwa schlecht zusammenpassen – das Ganze gibt doch ein Bild, das Bild eines ganz selbständigen, ironisch kritischen Geistes, der noch den eigenen Verfall überlegen belächelt. – –

So fehlen auch heute echte, innerlich gerechtfertigte Bohémiens nicht. Zu ihnen muß man auch *Erich Mühsam* zählen, den Verfasser des schon erwähnten und noch näher zu betrachtenden Versbuches »*Die Wüste*«. Mühsam war bis vor kurzem in Berlin und alle Besucher der einschlägigen Lokalitäten kennen ihn, denn er trug sich wohl am auffallendsten schäbig und verwildert unter allen Berliner Zigeunern und – sehr viele der häufigeren Besucher werden wohl auch nicht sein, die er *nicht* angepumpt hat. Dieser bedrohlich aussehende Anarchist und krasse Egoist der Theorie war übrigens ein ungewöhnlich guter Kerl, ein

aufopfernder Freund, der oft seinen Freunden von dem sauer erpumpten Geld mehr zuwandte als sich selbst, und der noch mehr als Geld für sie aufwandte. Wenn man ihn dann etwa mit leichter Ironie fragte, wie sich das mit seiner leidenschaftlich verfochtenen Theorie des krassen Egoismus vertrage, erhielt man wohl die zornige Antwort: »Ich habe bloß gesagt, jeder soll das tun, was ihm Vergnügen macht – und mir macht eben *das* Vergnügen!« –

Ja, immer wieder in den schwierigsten Angelegenheiten anderer seine Kraft einzusetzen, das machte diesem wilden Antichristen »Vergnügen«. Nun hat er sein trotziges, von Nahrungs- und tieferen Sorgen, von Alkohol und tieferen Räuschen ausgefülltes Vagabundenleben nach Italien verlegt. Da wechselt jetzt seine Existenz je nach der momentanen Beschaffenheit des Geldpunktes zwischen einem Auftreten als verschwenderischer Grandseigneur und einem als armer, ausgeplünderter Reisender, den die betreffenden Konsulate mitleidsvoll nach der nächsten Station »abschieben«. Ehe er aber zu diesen Fahrten auszog, hatte er den Sinn seines Berliner Zigeunerlebens in jenem Buche zusammengefaßt, das uns hier nicht als Dichtwerk (obschon es auch rein ästhetische Qualitäten hat), sondern als psychologisches Dokument interessiert. Die »Wüste« ist das Dokument eines Menschen, der mit zureichendem Grund Bohémien ist, aus einer tiefen, mitunter zum leidenschaftlichen Haß gesteigerten Feindschaft nämlich gegen die bestehende Gesellschaft und ihre Institutionen.

Eine besonders weiche, liebebereite, gebewillige Seele – das ist der Urgrund; – und geschlagen und getreten und in eine Wüste von Haß und Ekel hineingejagt – das ist der Fortgang; – und nun eine grenzenlose Verachtung alles Lebenden, eine Verzweiflung, die immerfort in grelles Lachen umschlägt, Paroxysmen von Gram und Wut, aus denen man sich in die Oasen des Alkohols flüchtet – das ist die Vollendung des Bohémiens nihilistischer Färbung, des Zigeuners aus Weltverzweiflung. – Dies wird zum Grundton, aber immer schwingt suchend, tastend der weiche Ton hoffender Sehnsucht, reiner Weltliebe wieder hinein und beide verschlingen sich: »Ich bin ein Pilger, der sein Ziel nicht kennt« – das ist die Grundweise des Zigeunertums.

Mühsam haßt die guten Bürger draußen, aber über die Wertlosigkeit seiner Zechgenossen, zu denen ihn die äußere Situation zwingt, ist er sich nicht minder unklar – er zeichnet sie bissig genug:

> Paar urnische Männlein, paar lesbische Weiber,
> Paar Reimer, paar Zoter, paar Schnüffler, paar
> Schreiber, –
> Café, Zigaretten, Getafel, Gegrein – –
> In summa: ein Literaturverein.

Das ist kein übles Bild der Afterbohème, wie sie sich jetzt in Berlins Nachtcafés breit macht. Für die echte Bohème aber ist Mühsams »Wüste« mit ihrer wilden, gallschwarzen Bitterkeit, ihren verzweifelten Aufschreien und grellen Gelächtern, ihren taumelnden Verzückungen und weichen Sehnsuchtsrufen ein starker Typ. Dies Buch hat etwas von der großen Henkerfröhlichkeit der großen alten Bohémiens, Billons und des Li-tai-po, der in seinem gewaltigen *Trinkliede* singt:

> Wenn der Kummer kommt, wenn die Saiten klagen,
> Wenn die graue Stunde beginnt zu schlagen,
> Wo mein Mund sein Lied und sein Lachen vergißt,
> Dann weiß keiner, wie mir ums Herz dann ist,
> Dann wollen wir die Kannen schwingen –
> Die Stunde der Verzweiflung naht![8]

---

8 Ich zitiere die großartige Nachdichtung Richard Dehmels.

15. Vom Sinn der Bohème

Am Ende unserer Betrachtung angelangt, dürfen wir vielleicht hoffen, daß das Vorgeführte ein wenig verbildlicht hat, was es mit diesem mythenumsponnenen Wesen »Bohème« denn für eine Sache ist. Nur innerhalb einer Stadt haben wir die Geschichte der Bohème verfolgt, nur in den größten Zügen, noch nicht hundert Jahre hindurch.

Aber wir sahen doch soviel, daß eine Blüte der Bohème jedesmal zeitlich und ursächlich im Zusammenhang steht mit den großen geistigen Bewegungen, den kulturellen Fortschritten der Zeit. In Epochen der Depression, des Stillstandes oder der Verwirrung sank auch die Bohème stets zu bedeutungsloser, sehr äußerlicher Existenz herab. So muß man denn wohl eine starke, regsame Bohème als ein erfreuliches Kulturzeichen ansehen – und in der Tat, sie ist das beste Symptom dafür, daß in der eben herangewachsenen Generation eine Überfülle starker Kräfte um Entfaltung ringt, für die innerhalb der bürgerlichen Gesellschaft kein Raum wäre, und die deshalb sich zuvörderst draußen bewegen und entfalten müssen. Weist doch die *Jugendepoche* der meisten großen Männer einen mehr oder minder bohèmeartigen Charakter auf. – Daneben steht nun freilich eine andere Art des Bohémiens, die sogar beanspruchen kann, die des *eigentlichen* Bohémiens genannt zu werden. Für diese weit kleinere Schar ist die Bohème (als eine Lebensform) nicht ein Stadium, sondern das *dauernde* Element ihrer Entwicklung; das sind die Erzzigeuner, die zumeist die Zentren jener Kreise bilden, für deren übrige Mitglieder das Bohèmetum günstigenfalls eine notwendig heilsame Jugendkrankheit ist. Für diese wenigen aber – es werden in ganz Deutschland von Hoffmann und Grabbe bis Wedekind und Przybyszewski keine zwei Dutzend Namen von Rang sein – für sie ist die Bohème dauernd die einzige Existenzmöglichkeit, denn ihre Natur vermag sich *nie* den Schranken der sozialen Gemeinschaft zu fügen, sie bleiben ewig ihre Feinde, der Kampf gegen die Gesellschaft ist ihr Lebenselement. Und auch solchen Naturen (einige sehr große Künstler sind unter ihnen) wohnt ein hoher Wert für die Gesamtheit inne: sie sind Wecker und Mahner, sie zeigen jedes Gebrechen am Körper der Gesamtheit, sie decken jede Wunde auf – sie werden so die Anreger der Heilkunst, die Treiber des Fortschreitens – sie sind vom Geschlechte Mephistos, der stets verneint und deshalb ewig bewegt, sie sind wie der Tod als Feinde des Bestehenden Erzeuger immer neuen Lebens. – Größer freilich noch sind die mutig Bejahenden, die Verteidiger des sozialen Lebens, die »Olympier« – sie, die sich ins Gefüge der hemmenden Kulturgemeinde hineinfanden, um nun von innen aus zu bessern und auszubauen. – – Auch Goethe ist einmal Bohémien gewesen, in der Straßburger Epoche und noch geraume Zeit danach, und wahrlich um vieles nicht möchten wir die Dokumente jener Jahre, den Prometheus und den Urfaust, den Götz und den Werther missen; aber das, was ihn zum Nährvater unseres Geistes, zum Träger aller Kulturideale macht, die heute die Besten hegen, das ist erst später entstanden, als er sich willig eingefügt hatte in den großen, allgemeinen Kreis von Pflichten und Rechten. Goethe, der »Kosmische«, Ordnende, ist über Lenz, den bleibenden Bohémien emporgewachsen, wie Shakespeare über Marlowe, wie in engeren Kreisen Hebbel über Grabbe – und heute wieder Dehmel über Conradi.

Ein großes, fruchtbares, unentbehrliches Element ist der aktiv gewordene Individualismus, das gesellschafts- und herrschaftsfeindliche, asozialistische und anarchistische Zigeunertum im Entwicklungsgange der Kultur – aber sein letzter Sinn ist: immer wieder überwunden und widerlegt zu werden.

Abbildungsverzeichnis

Michael Schardt

Nachwort

Die Novemberpogrome von 1938 stellten für den damals achtundfünfzigjährigen Literarhistoriker und Theaterkritiker Julius Bab nicht nur eine tiefgreifende biographische Zäsur dar, sondern bildeten auch in beruflicher und künstlerischer Hinsicht einen irreversiblen Einschnitt, der sein Weltbild und sein Selbstverständnis als deutscher Jude nachhaltig erschütterte. Im Gegensatz zu anderen deutsch-jüdischen Intellektuellen und Kollegen hatte er sich 1933, nach Hitlers Machtergreifung, entschlossen, im Land zu bleiben und sich der von den Nazis vorangetriebenen Ausgrenzung entgegenzustellen. Dem zwangsweisen Ausschluß der Juden aus den Redaktionsstäben, den Orchestern, den Theatern oder Rundfunksendern und Künstlerorganisationen begegnete er zusammen mit anderen Daheimgebliebenen mit der Gründung des Kulturbunds Deutscher Juden, der sich ab 1935 Jüdischer Kulturbund nennen mußte. Wie andere jüdische Bürger war auch Bab offenbar der Ansicht, der braune Spuk sei bald vorüber. Jetzt aber, in den ersten Tagen des Novembers 1938, war auch ihm klar, daß er die Sache damals vielleicht unterschätzt, vielleicht zu naiv beurteilt hatte. Zu sehr sah er die Wurzeln seiner doppelten Identität im Deutschtum und im Judentum.

Julius Bab wurde am 11. Dezember 1880 in Berlin als Sohn eines angesehenen Kaufmanns geboren. Nach dem Besuch des Askanischen Gymnasiums in Berlin studierte er von 1902 ebendort und in Zürich von 1902 bis 1905 Germanistik, Philosophie und Geschichte. Schon vor dem Studium hatte er als Zwanzigjähriger mit Theaterkritiken begonnen und sich recht schnell einen Namen gemacht. Diese Kritikertätigkeit setzte er auch während der Universitätsjahre fort.

In diese Zeit fiel der Vorabdruck einiger wichtiger Passagen aus »Die Berliner Bohème«, die er im März 1904 in der »Berliner Wochenzeitung« als Artikelserie publiziert hatte. Sie bezeugen bereits in jungen Jahren sein spezifisches Interesse an Künstlerpersönlichkeiten und ihrer deutschen und jüdischen Identität, das später in den umfangreichen Studien »Goethe und die Juden« (1926) und »Rembrandt und Spinoza. Ein Doppelbildnis im deutsch-jüdischen Raum« (1934), in den beiden Biographien zu Richard Dehmel und Bernhard Shaw (beide 1926) oder den mehrbändigen Arbeiten zur Geschichte des deutschsprachigen Theaters und seiner Schauspieler (»Der Mensch auf der Bühne«, 1911; »Die Chronik des deutschen Dramas«, 1921-1926) seinen Niederschlag fand.

Das große Interesse, das die Artikelserie in der Berliner Wochenzeitung beim Leser erzeugt hatte, veranlaßte Bab zur Veröffentlichung in Buchform, wie er in dem hier mitabgedruckten Vorwort vom August 1904 bekundet. So erschien »Die Berliner Bohème« im Herbst 1904 im Verlag Hermann Seemann Nachfolger in Berlin und Leipzig als »Großstadt-Dokumente 2«, die von Hans Oswald herausgegeben wurden. Gegenüber der Artikelserie hatte Bab, wie er darlegt, »eine ganze Reihe von Berichtigungen, Erweiterungen und zum Teil sehr *umfangreiche Zusätze*« vorgenommen. Dennoch sei sie nur eine »vorläufige Skizze« und »*Vorstudie* zu einer großen historisch kritischen Arbeit«, die er aber nie wieder aufnehmen sollte.

Nach dem Studium und dieser, seiner ersten Buchveröffentlichung kehrte Bab nach Berlin zurück, heiratete Elisabeth Loos, mit der er drei Kinder hatte, und ließ sich als freier Schriftsteller und Kritiker nieder. Er arbeitete für zahlreiche Zeitungen und Zeitschriften, u. a. für »Die Schaubühne«, die spätere »Weltbühne«. 1914, als der Erste Weltkrieg ausbrach, rückte Julius Bab mit einem für seine Generation typischen Patriotismus ins Feld, der sich in einigen seiner pathosgetränkten Gedichten wiederfand. Mit dieser Haltung reagierten er und andere Juden indirekt auf mögliche Vorwürfe, Drückeberger und ohne Vaterlandsliebe zu sein.

Nach 1918 verstärkte Bab seine Tätigkeit als Theaterrezensent und Dramatiker, war aber auch als Theatertheoretiker und -pädagoge tätig, so an der Schauspielschule von Max Reinhardt und ab 1919 als Leiter des schauspielerischen Seminars der Volksbühne, deren »Dramaturgische Blätter« er von 1923 bis 1932 herausgab. Im Laufe der Jahre avancierte er zu einem der bedeutendsten und einflußreichsten Theaterkritiker der Weimarer Republik.

Im Oktober 1933 nahm der von ihm mitbegründete Kulturbund Deutscher Juden seine Tätigkeit auf. Er organisierte Theater- und Opernaufführungen und stellte ein Konzert- und Vortragsprogramm zusammen; an vielem davon war Bab maßgeblich beteiligt. Auch wenn er im Grunde die Trennung deutscher und jüdischer Kulturarbeit als Frevel empfand, bot ihm der Kulturbund die Möglichkeit, weiterhin am kulturellen Leben teilzuhaben. So arbeitete er hier als Dramaturg mit, leitete die Abteilung »Vortrag« und war verantwortlicher

Redakteur der »Monatsblätter« des Kulturbundes. Diese Arbeit setzte er auch noch weiter fort, nachdem er im März 1935 aus der Reichsschrifttumskammer ausgeschlossen worden war.

Die Novemberpogrome bezeichnete er später als »Nekrolog« des deutschen Judentums, doch trotz ihrer Dimensionen verharrte Julius Bab noch bis Februar 1939 auf deutschem Boden. Erst dann, fast zu spät, floh er nach Frankreich ins Exil und erreichte das rettende Paris im März. Hier begann er im Frühjahr 1939 mit der Abhandlung »Leben und Tod des deutschen Judentums«. Von Paris aus setzte Bab mit seiner Familie in die USA über und ließ sich in der Nähe von New York nieder. Hier schrieb er das Werk zu Ende und verfaßte 1942/43 ein Nachwort. Doch einen Verlag fand er zeitlebens dafür nicht mehr. Das Werk wurde schließlich erst 1988 aus dem Nachlaß herausgegeben.

Eine neue geistige Heimat fand Bab in den USA nicht, obwohl er weiterhin Vorträge hielt und für deutschsprachige Zeitschriften arbeitete, die aber nur Emigranten aus Deutschland hörten oder lasen. In einem Aufsatz über Goethe von 1948 drückte der inzwischen fast Siebzigjährige seinen Schmerz aus, »vom deutschen Lande abgerissen worden zu sein«, und nun »zwischen den Völkern« zu leben. Eine »Heimat des Herzens« könne man dennoch finden – »in Goethe«.

In den Jahren 1951 und 1953 war Julius Bab doch noch zweimal in die Bundesrepublik gekommen, obwohl er dies in einem Brief an P. Fechter von 1947 ausgeschlossen hatte. Es sei »mehr noch eine innere als äußere Unmöglichkeit, Deutschland je wieder zu betreten«, hieß es da. Doch private

Besuche und Vortragsverpflichtungen ließen Bab für je kurze Zeit ins alte Europa zurückkehren. Knapp zwei Jahre nach seiner letzten Deutschlandreise starb Bab mit 76 Jahren am 12. Februar 1955 in Roslyn Heights (New York) im amerikanischen Exil. Eine Gedenktafel findet sich in Berlin-Wilmersdorf, an der Bundesallee 19, wo Bab von 1906 bis 1908 wohnte.[1]

Das Büchlein »Die Berliner Bohème« von 1904, geschrieben von einem dreiundzwanzigjährigen Germanistikstudent, gehört sicher zu den Nebenprodukten des Autors und erhält seinen besonderen Wert weniger aus seiner literarischen Güte, stilistischen Qualität oder intellektuellen Schärfe als viel mehr aus dokumentarischen Gründen. Denn es ist ein heraus-

---

[1] Gedenktafel für Julius Bab, Berlin-Wilmersdorf; Foto: Doris Antony

ragendes zeitgenössisches Zeugnis der Künstlerszene im Berlin des späten 19. und frühen 20. Jahrhunderts, auch wenn Babs Betrachtungen bereits in der Romantik einsetzen und er sich als erstes E.T.A. Hoffmanns Stammtisch in der Weinstube Lutter und Wegner widmet, dem auch der Bühnenkünstler Ludwig Devrient angehört. Über ihn und dessen Schauspielerfamilie sollte Bab drei Jahrzehnte später ein umfangreiches Buch schreiben (1932), das als überzeugendes Porträt einer deutschen Theaterfamilie in die deutsche Theaterliteratur einging.

Bab bestimmt die Bohème im herkömmlichen Sinn als flüchtiges, vorübergehendes Phänomen, als heterogene Gruppe von verarmten, erfolglosen, aber trinkfesten Künstlern, Literaten und Studenten, die sich einer spießbürgerlichen Wertvorstellung entziehen und daher dem Bürgertum suspekt vorkommen müssen. Diese Einschätzung geht schon in die Richtung, wie Helmut Kreuzer die Bohème in seiner großen Studie von 1968 definieren sollte, nämlich als eine sozialgeschichtliche und nicht ästhetisch-kritische Kulturerscheinung. Bab macht zudem in der periodisch sich verstärkenden oder sich abschwächenden Bohèmeszene eine gesellschaftliche Wechselwirkung aus. Immer dann, wenn die Bohème wieder einmal eine Blüte erlebe, gebe es einen zeitlichen und ursächlichen Zusammenhang mit »den Fortschritten der Zeit«. In kulturellen und gesellschaftlichen Hochzeiten erlebt auch die Bohème einen Aufschwung, während in den Epochen der Depression das »zigeunerhafte« Künstlertum am Boden liege.

Vor nunmehr zwanzig Jahren, 1994, hat der Igel Verlag, damals noch in Paderborn ansässig, Julius Babs »Die Berliner Bohème« achtzig Jahre nach der Erstveröffentlichung, damals noch ohne Nachwort, neu herausgebracht. Diese verlegerische Initiative wurde von Lesern und Rezensenten gleichermaßen gelobt, was sehr bald dazu führte, daß das Werk vergriffen war. Inzwischen ist der Igel Verlag über Oldenburg nach Hamburg umgezogen und in neue Hände übergegangen. Um so mehr freue ich mich als früherer Gründer und Inhaber des Igel Verlags, daß das literarische Programm, vergessene und verfemte Autoren der vorvorletzten Jahrhundertwende zu veröffentlichen, weiterbesteht. In diesem Rahmen ist auch die nun erfolgte Wiederveröffentlichung des Babschen Bohèmebuchs zu begrüßen.

Die Herausgabe folgt bei Wahrung des Lautstandes der Erstausgabe von 1904 (Hermann Seemann Nachfolger, Berlin und Leipzig) und ist zeichenidentisch mit der Neuausgabe von 1994 (Igel Verlag Literatur, Paderborn).